Computer
Bild

D1932563

Prinz & Müller

Windows 7
Trickkasten

ullstein

Zu diesem Buch

Maximale Leistung sollen die modernen PC-Boliden bringen, und mit Windows 7 hat Microsoft dafür schon eine gute Basis geschaffen. Doch genau wie beim Auto wird die Standardausstattung nicht immer allen Wünschen und Erwartungen gerecht. So manche Sonderausstattung erhöht den Komfort, und mitunter bringt schon ein kleiner Eingriff einen deutlichen Geschwindigkeitsvorteil oder verbesserte Sicherheit. Das ist beim Kleinwagen genauso wie in der Mittel- und Luxusklasse, beim Desktop-Rechner genauso wie beim Notebook oder Netbook - man muss nur wissen, wie's geht.

Dieses Buch macht es Ihnen leicht, am richtigen „Rädchen" zu drehen, um das Getriebe rund und auf vollen Touren laufen zu lassen. Anders als beim Auto brauchen Sie aber weder Schraubendreher noch Gabelschlüssel, ja nicht einmal das Computergehäuse muss geöffnet werden. Alle hier versammelten Optimierungstipps können Sie direkt mit der Tastatur und Maus umsetzen.

Bei aller Einfachheit greift dennoch der eine oder andere Trick sehr tief in das Betriebssystem ein. Es versteht sich daher von selbst, dass Sie hier mit großer Sorgfalt agieren müssen. Zudem erhalten Sie jedes Mal einen ausdrücklichen Hinweis, wo erhöhte Vorsicht angebracht ist und welche Sicherheitsmaßnahmen zu ergreifen sind. Daher sollten Sie beispielsweise vor Änderungen an der Registrierdatenbank, in der die grundlegenden Einstellungen, Konfigurationen und Vorgaben von Windows gespeichert sind, eine Sicherheitskopie anlegen. Wie Sie die Registrierdatenbank sichern und wiederherstellen, erfahren Sie direkt am Ende des ersten Kapitels.

So bietet dieses Buch neben vielen Optimierungsmaßnahmen auch die richtige Hilfe zur Selbsthilfe, mit der Sie in kritischen Situationen - beispielsweise wenn der PC nicht starten will - den Computer in den Griff bekommen. Hierbei hilft unter anderem die ausgezeichnete COMPUTER BILD-Notfall-CD, die im Internet als Datenträgerabbild für Sie bereitliegt. Auch wie Sie aus der übertragenen Datei eine selbststartende CD machen und einsetzen, wird Ihnen im vorliegenden Trickkasten gezeigt - ganz einfach und leicht verständlich, eben wie Sie es von COMPUTER BILD gewohnt sind.

1 Windows 7 optimal einrichten

Ein frisch installiertes Windows 7 sieht aus wie jedes andere. Wenn Sie kein Betriebssystem „von der Stange“ haben möchten, können Sie das System individuell konfigurieren. Passen Sie zum Beispiel den Ausschaltknopf an, ändern Sie die Symbole auf der **Arbeitsoberfläche**, oder verkleinern Sie die Startleiste. Das Ergebnis ist vor allem ein schöneres und vor allem persönliches Windows, mit dem es sich noch einfacher arbeiten lässt. Und damit Sie nicht lange nach den versteckten Einstellmöglichkeiten suchen müssen, nutzen Sie ein kaum bekanntes Geheimprogramm für den Zugriff auf sämtliche Windows-Einstellungen.

Im ersten Kapitel dieses Buches erfahren Sie,

- wie sich der Ausschaltknopf konfigurieren lässt,
- wie Sie die Symbole auf der Arbeitsoberfläche optimieren,
- wie Sie die Startleiste verkleinern oder an einen anderen Bildschimrand ziehen,
- wie Sie Hintergrundbilder auf zwei Monitore verteilen
- und wie Sie das Geheimprogramm für alle Windows-Einstellungen einrichten.

Kapitel-Wegweiser

Den Ausschaltknopf anpassen

Um den Rechner auszuschalten, gibt es im Startmenü die Schaltfläche ●.

Mitunter ist es aber besser, den Rechner nicht komplett auszuschalten, sondern den Energiesparmodus zu aktivieren. Der PC wird damit in einen stromsparenden Tiefschlaf versetzt. Beim nächsten Einschalten startet er blitzschnell, da er nur noch „aufgeweckt" werden muss. Um Windows 7 in den Energiesparmodus zu versetzen, sind jedoch weitere Klicks notwendig. Erst wenn Sie auf den Pfeil ● klicken, erscheint ein Untermenü mit dem Befehl ●.

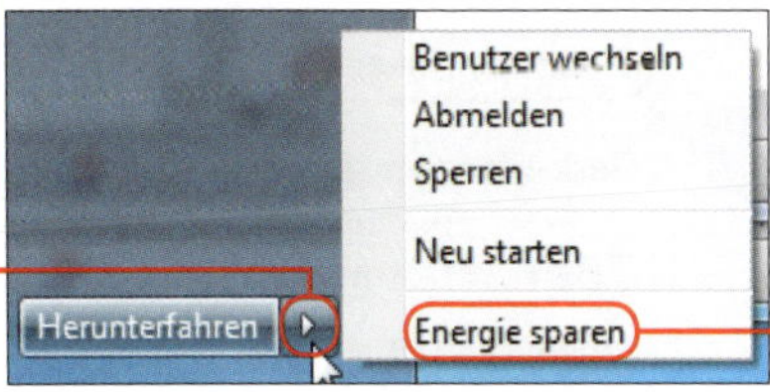

Mit folgendem Trick lässt sich das Startmenü so ändern, dass der Energiesparbefehl direkt im Startmenü auftaucht:

1 Klicken Sie als Erstes auf das Startsymbol

und dann mit der *rechten* Maustaste auf

.

Im aufklappenden **Kontextmenü** folgt ein Klick auf den Eintrag

.

2 Im nächsten Fenster öffnen Sie per Mausklick auf ●

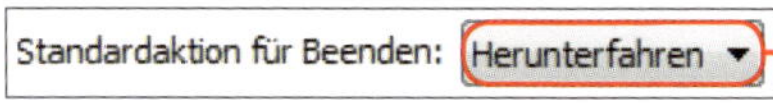

eine Auswahlliste, in der Sie den Befehl ●

wählen. Bestätigen Sie die Änderung per Klick auf

.

3 Das war's schon. Wenn Sie zukünftig auf

und dann auf

klicken, wird der Computer in den Energiesparmodus versetzt. Der Rechner wird daraufhin ausgeschaltet, Windows aber nicht beendet.

4 Falls Sie Windows trotzdem einmal herunterfahren möchten, klicken Sie im Startmenü auf den Pfeil

und im aufklappenden Menü auf .

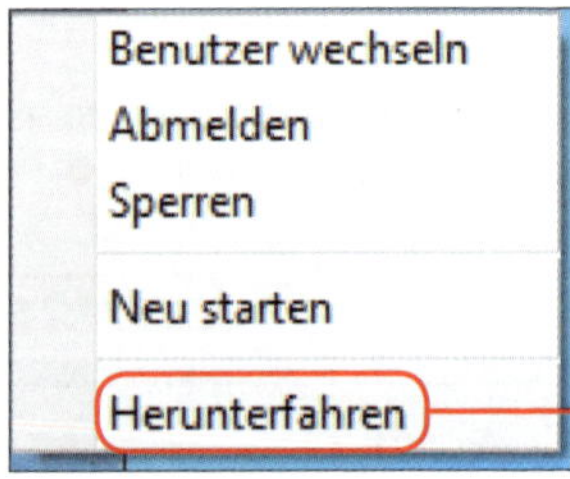

Anzeige des Desktops über die Startleiste

Sind Sie von früheren Windows-Versionen XP oder Vista auf Windows 7 umgestiegen? Dann werden Sie in der Startleiste vermutlich das Symbol

zum Anzeigen der **Arbeitsoberfläche** vermissen. Bei Windows 7 gibt es das Symbol nicht mehr. Mit folgendem Trick können Sie es wiederherstellen:

1 Microsoft hat das Symbol zum Anzeigen der Arbeitsoberfläche von der Startleiste verbannt, da es hierfür seit Windows 7 eine ähnliche Funktion gibt: Wenn Sie auf den kleinen Balken

in der unteren rechten Bildschirmecke klicken, erscheint ebenfalls die Arbeitsoberfläche. Oder Sie klicken mit der *rechten* Maustaste auf einen freien Bereich der Startleiste - etwa hier -

und dann auf den Befehl .

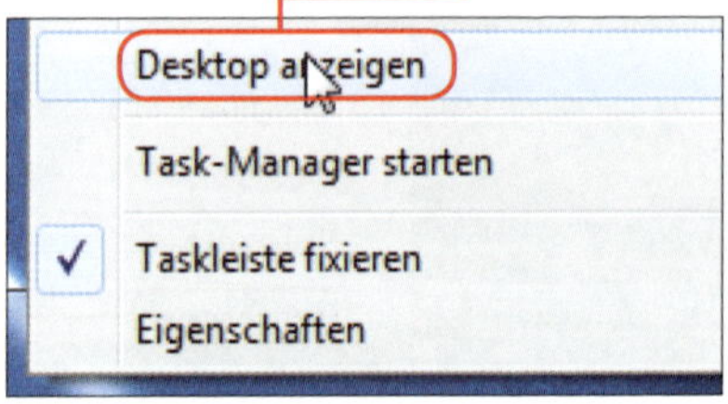

■ Um die Fenster wieder einzublenden, klicken Sie erneut auf den kleinen Balken

oder wieder mit der *rechten* Maustaste

auf die Startleiste und dann auf ●.

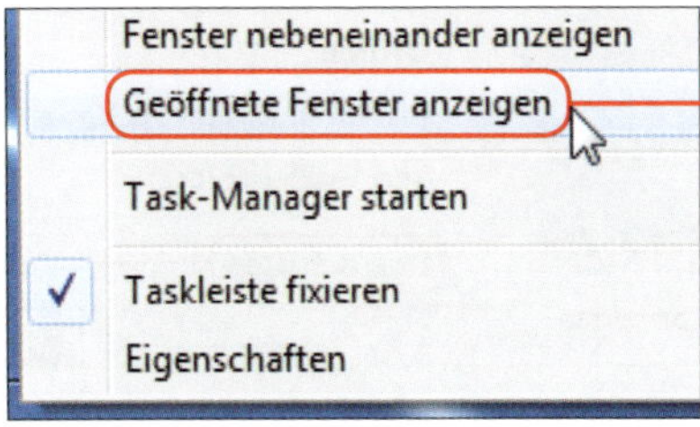

2 Falls Sie nun zum gewohnten Symbol aus XP und Vista zurückkehren möchten, klicken Sie auf ● und geben die Zeichen ●

ein. Dann klicken Sie ganz oben im Startmenü auf

.

3 Im Fenster, das daraufhin angezeigt wird, tippen Sie exakt die Zeilen ●

```
[Shell]
Command=2
IconFile=shell32.dll,34
[Taskbar]
Command=ToggleDesktop
```

ein. Die eckigen Klammern werden übrigens mit der **Tastenkombination** [Alt Gr] + [8] beziehungsweise [Alt Gr] + [9] eingegeben.

4 Um die Textdatei anschließend zu speichern, klicken Sie auf

sowie auf den Befehl

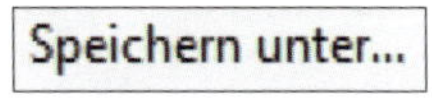

.

Im nächsten Fenster folgt ein Klick in der linken Spalte auf

.

Danach öffnen Sie unten mit einem Mausklick auf ● eine kleine Liste und wählen darin ●.

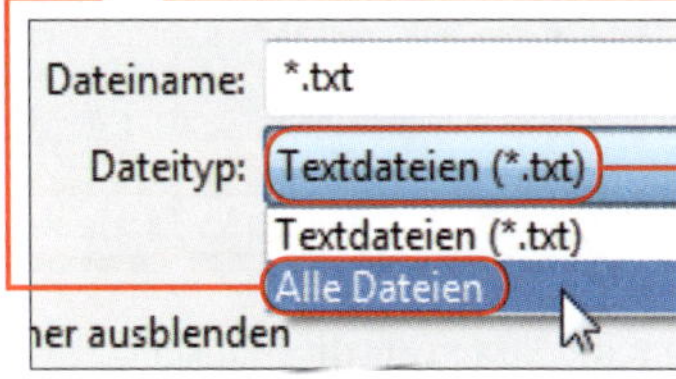

5 Als Dateinamen geben Sie ●

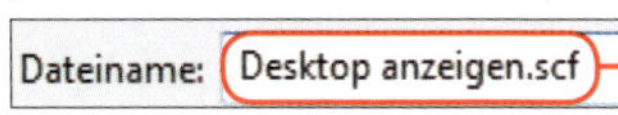

ein, bevor Sie auf die Schaltfläche

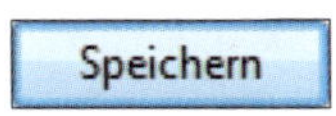

klicken. Speichern Sie die Datei auf die beschriebene Weise noch ein zweites Mal, geben Sie als Dateinamen jetzt aber ●

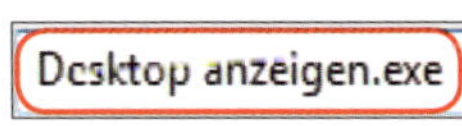

ein. Danach schließen Sie das Fenster mit

einem Mausklick auf

.

6 Auf der Arbeitsoberfläche befinden sich jetzt die beiden neuen Dateien. Klicken Sie auf das hier links abgebildete Symbol ●,

halten Sie die Maustaste gedrückt, und ziehen Sie es mit weiterhin gedrückter Maustaste auf die Startleiste. Sobald hier ●

erscheint, lassen Sie die Maustaste los.

7 Als Nächstes klicken Sie in der Startleiste mit der *rechten* Maustaste auf das neue Symbol

.

Dann klicken Sie – ebenfalls mit der *rechten* Maustaste – auf ●

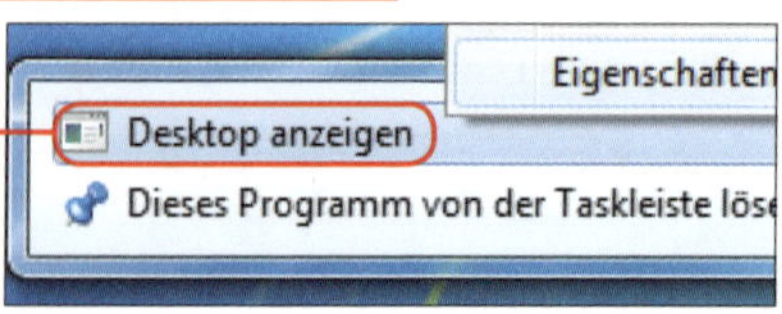

und wählen aus dem Menü den Eintrag ●.

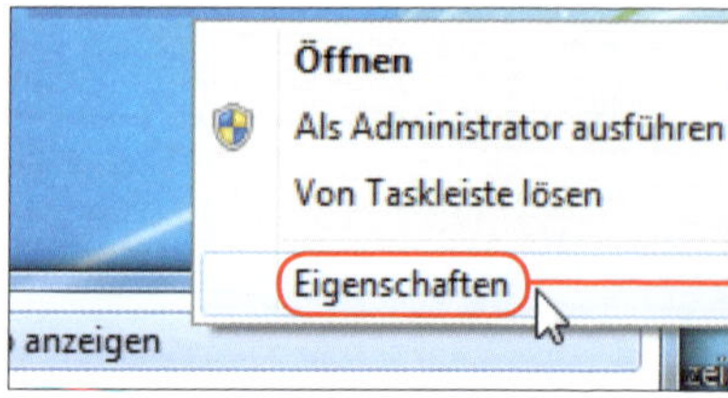

8 Im nachfolgenden Fenster markieren Sie mit gedrückter Maustaste die Endung ●

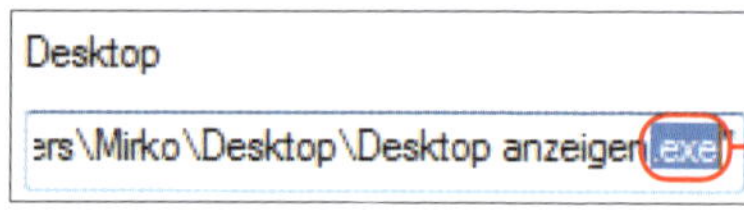

und ersetzen sie durch die Zeichen ●.

Per Tastenkombination zur Arbeitsoberfläche

Um die leere Arbeitsoberfläche besonders schnell einzublenden, brauchen Sie nur die Tastenkombination [Win] + [D] zu drücken. Und wenn Sie nur einen kurzen Blick auf die Arbeitsoberfläche werfen möchten, drücken (und halten) Sie die Tastenkombination [Win] + [Leertaste]. Solange die beiden Tasten gedrückt sind, erscheinen alle Fenster durchsichtig, und Sie haben freien Blick auf die Arbeitsoberfläche. Sobald Sie die Tasten loslassen, erscheint wieder die vorherige Fensteranordnung.

Schließen Sie das Fenster per Klick auf

.

9 Jetzt können Sie auf der Arbeitsoberfläche die Datei

markieren und mit der [Entf]-Taste löschen. Das war's. In Zukunft können Sie auch in Windows 7 über das Symbol

die leere Arbeitsoberfläche einblenden. Ein erneuter Klick auf das Symbol stellt die ursprüngliche Fensterkonfiguration wieder her.

Wo sind die Symbole auf der Arbeitsoberfläche?

Mitunter zeigt Windows eine komplett leere Arbeitsoberfläche. Kein einziges Symbol ist zu sehen. Sogar der Papierkorb ist nicht mehr da. Das Problem der leeren Arbeitsoberfläche lässt sich ganz einfach lösen.

1 Wenn kein einziges Symbol auf der Arbeitsoberfläche zu sehen ist, wurde vermutlich versehentlich die Verstecken-Funktion aktiviert. Um die Symbole wieder sichtbar zu machen, klicken Sie mit der *rechten* Maustaste auf einen freien Bereich der Arbeitsoberfläche, zum Beispiel hierhin.

2 Im Kontextmenü, das sich daraufhin öffnet, klicken Sie als Erstes auf den Eintrag

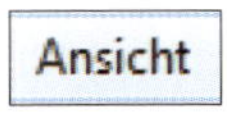

und dann in der aufklappenden Auswahlliste auf den Befehl.

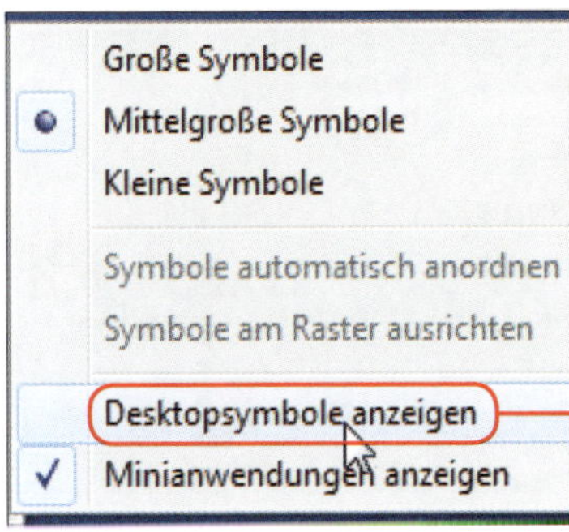

Schon sind alle Symbole wunschgemäß wieder da.

Symbole auf der Arbeitsoberfläche neu anordnen

Am Anfang ist die Arbeitsoberfläche von Windows noch aufgeräumt. Lediglich das Symbol

ist auf der Arbeitsoberfläche zu sehen. Das ändert sich schnell. Mit der Zeit kommen weitere Symbole hinzu, etwa für Dokumente oder Programme.

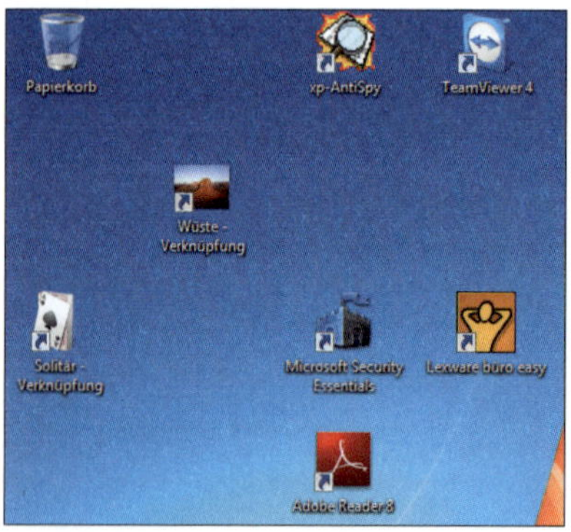

Falls es zu voll werden sollte, können Sie mit folgendem Trick auf der Arbeitsoberfläche für Ordnung sorgen:

1 Zum Aufräumen gibt es zwei Möglichkeiten. Variante 1: Klicken Sie mit der *rechten* Maustaste auf einen freien Bereich der Arbeitsoberfläche, etwa hierhin .

Dann klicken Sie auf den Eintrag

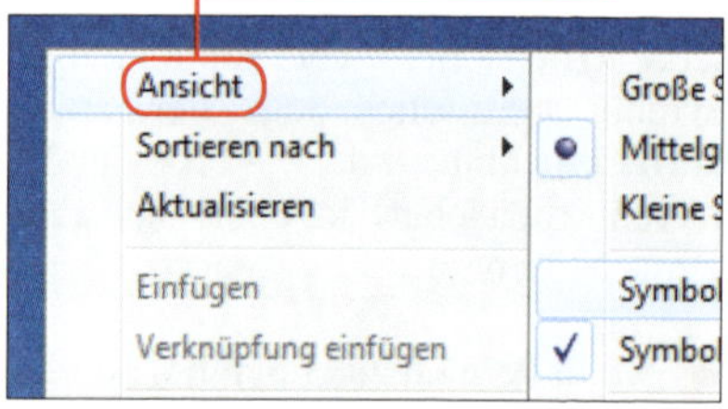

sowie auf den Befehl .

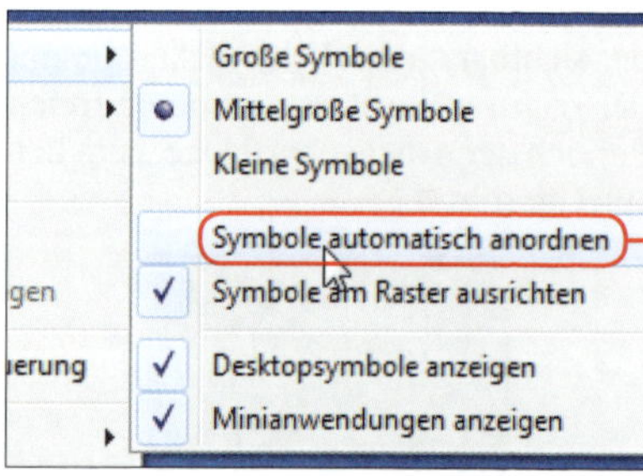

Daraufhin werden die Symbole der Arbeitsoberfläche wieder ordentlich in

Reih und Glied gebracht.

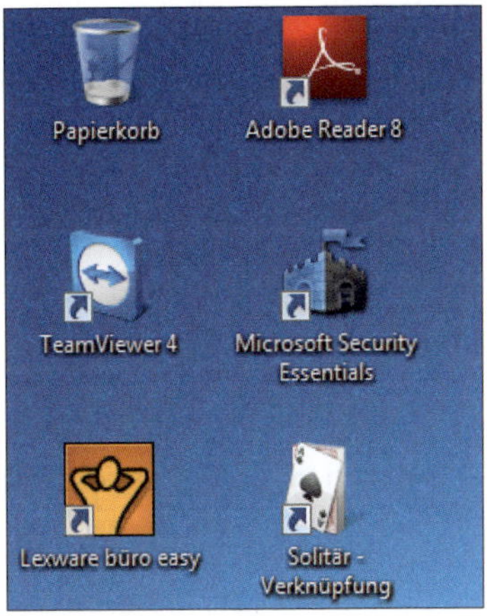

2 Besonders schnell ist der Tastaturtrick: Drücken Sie die Taste F5, und – ganz wichtig – halten Sie sie einige Sekunden gedrückt. Windows ordnet die verstreut liegenden Symbole wie von Geisterhand neu an.

3 Solange die Funktion aktiviert und mit einem Häkchen

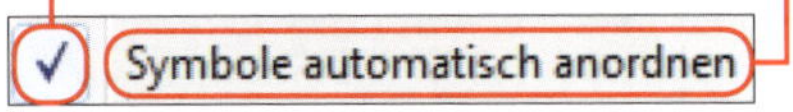

versehen ist, übernimmt Windows die Anordnung der Symbole. Die Symbole lassen sich dann nicht mehr frei auf der Arbeitsoberfläche ablegen. Wenn Sie wieder selbst Hand anlegen und die gesamte Arbeitsoberfläche verwenden wollen, schalten Sie die Funktion wieder aus, indem Sie Schritt 1 wiederholen und damit das Häkchen vor dem entsprechenden Befehl entfernen.

Symbole auf der Arbeitsoberfläche ändern

Auf der Arbeitsoberfläche von Windows 7 gibt es meist nur das Papierkorbsymbol.

Sollten Sie bereits mit früheren Windows-Versionen gearbeitet haben, vermissen Sie sicherlich die Symbole für den Internet Explorer, die eigenen Dateien oder das Netzwerk. Die gute Nachricht: Die fehlenden Symbole können Sie ganz leicht nachrüsten.

1 Klicken Sie dazu als Erstes auf

und dann auf den Befehl

.

Anschließend folgt in der geöffneten Systemsteuerung ein Klick auf

und danach auf ●.

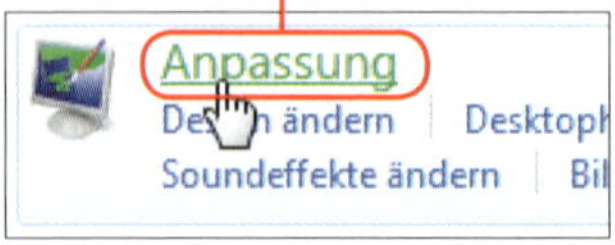

2 Mit einem Mausklick auf den Befehl ●

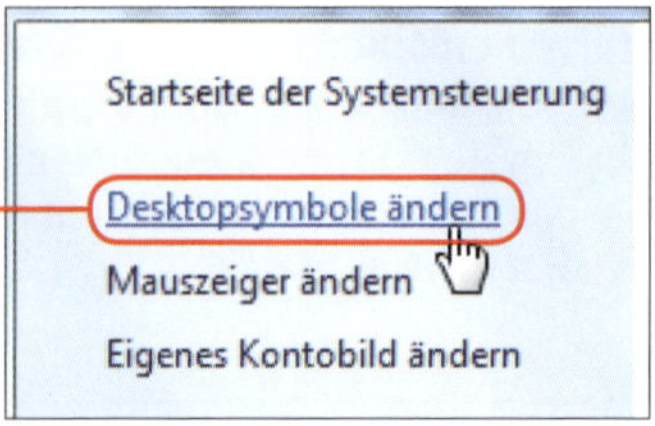

gelangen Sie in das Dialogfenster zum Ändern der Arbeitsoberflächensymbole. Im oberen Bereich des Fensters legen Sie per Klick in die Kästchen fest, welche Symbole standardmäßig auf der Arbeitsoberfläche erscheinen sollen. Empfehlenswert sind die beiden Symbole ●

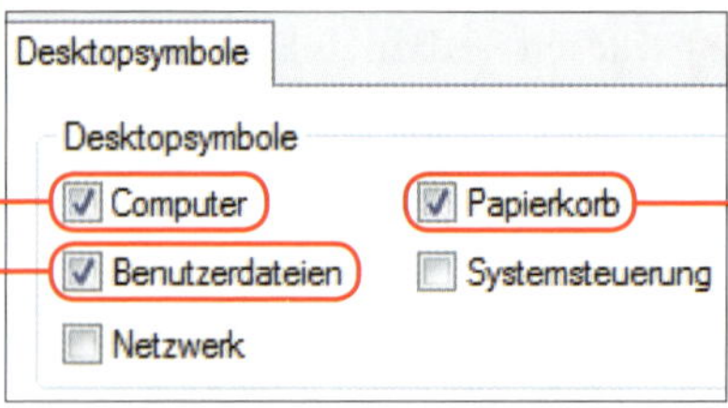

sowie das Papierkorbsymbol ●.

3 Sie können sogar selbst bestimmen, wie die Symbole aussehen sollen. Um ein anderes Symbol zu wählen – etwa für den Computer –, klicken Sie im unteren Teil des Dialogfensters auf das Symbol ●

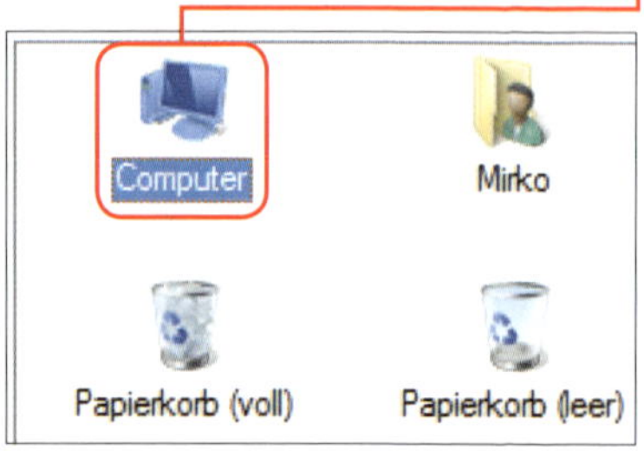

und anschließend auf die Schaltfläche

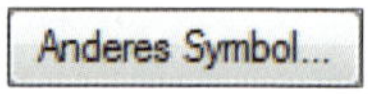

.

4 Im nächsten Fenster wählen Sie das gewünschte Symbol per Mausklick aus, etwa ●,

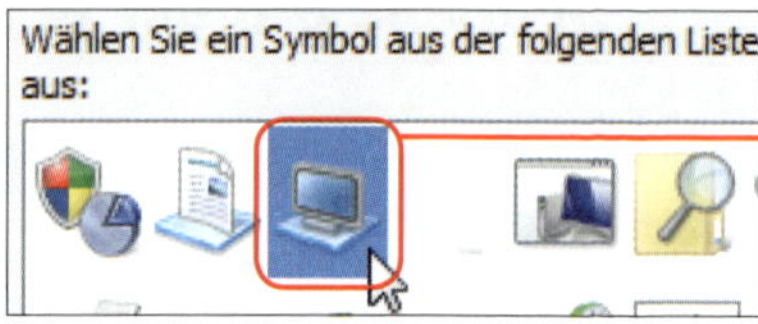

und schließen das Fenster mit

.

■ Falls Ihnen die neuen Symbole nicht gefallen sollten, können Sie per Klick auf

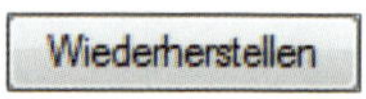

wieder die Standardsymbole von Windows aktivieren.

5 Schließen Sie das Dialogfenster mit einem Mausklick auf

.

Jetzt erscheinen auf der Arbeitsoberfläche die neuen Symbole.

Symbole vergrößern und wieder verkleinern

Die Symbole auf der Arbeitsoberfläche sind Ihnen zu groß oder zu klein? Kein Problem. Mit folgendem Trick lassen sich die Symbole per Mausrad vergrößern und wieder verkleinern:

1 Blenden Sie die Arbeitsoberfläche ein, indem Sie die Tastenkombination [Windows] + [D] drücken.

2 Drücken Sie die [Strg]-Taste, und halten Sie sie gedrückt. Wenn Sie nun das Mausrad nach oben drehen, werden die Symbole schrittweise vergrößert (die [Strg]-Taste muss dabei die ganze Zeit gedrückt bleiben).

Mit einem Dreh nach unten verkleinern Sie die Symbole wieder.

3 Um bei Bedarf zur Standardgröße zurückzukehren, klicken Sie mit der *rechten* Maustaste auf einen freien Bereich der Arbeitsoberfläche und wählen im Kontextmenü den Eintrag

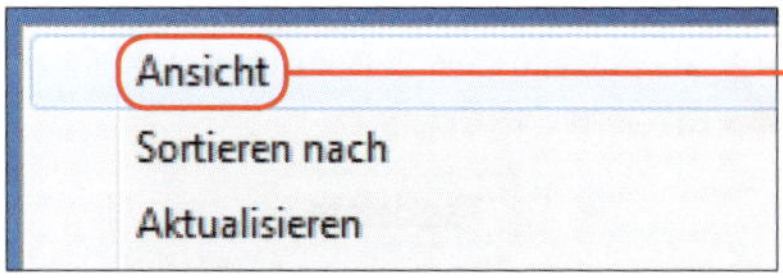

sowie .

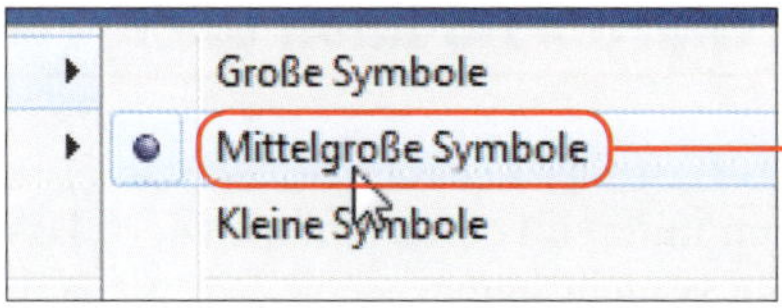

Die Startleiste verkleinern

Im Vergleich zu früheren Windows-Versionen ist die Startleiste von Windows 7 erheblich größer. Auf großen Monitoren ist das kein Problem. Kommt Windows 7 allerdings auf einem tragbaren Computer mit kleinerem Bildschirm zum Einsatz, geht durch die Startleiste eine Menge Platz verloren. Gut, dass sie sich mit wenigen Handgriffen verkleinern lässt:

1 Um die Startleiste auf rund die Hälfte zu verkleinern, klicken Sie mit der *rechten* Maustaste auf

und danach auf den Befehl ●.

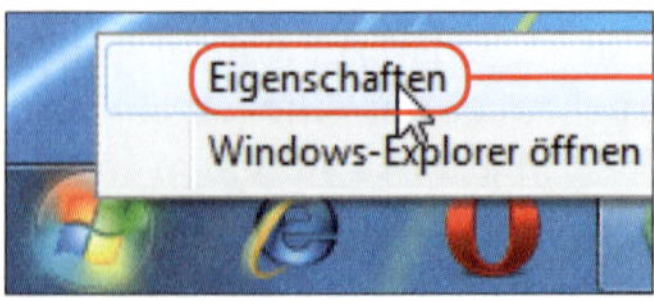

2 Als Nächstes wechseln Sie per Mausklick in das Register

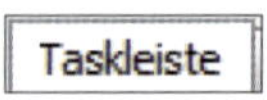

und setzen dort, ebenfalls mit einem Klick, ein Häkchen in das Kontrollkästchen ●.

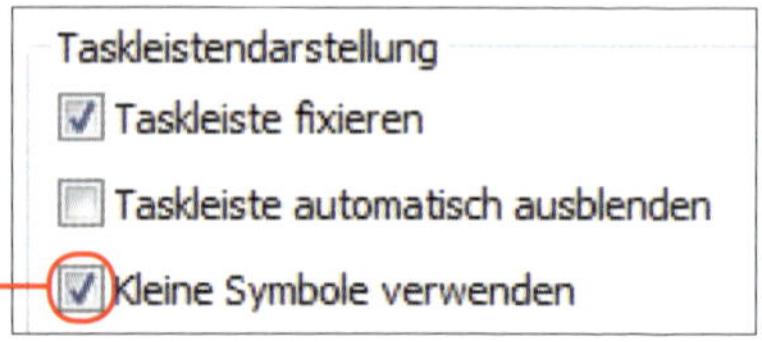

3 Sobald Sie das Dialogfenster mit einem Klick auf

geschlossen haben, ist die Startleiste etwa um die Hälfte geschrumpft.

Nachteil der verkleinerten Variante: Die Uhr am unteren rechten Rand zeigt nur noch die Uhrzeit, nicht mehr das Datum.

Startleiste nach oben, rechts oder links verschieben

Auf fast allen Rechnern ist die Startleiste am unteren Fensterrand platziert. Das muss nicht immer so bleiben. Sie können die Startleiste auch ganz einfach an den oberen, den rechten oder den linken Rand schieben.

1 Klicken Sie mit der *rechten* Maustaste auf einen freien Bereich der Taskleiste, etwa hierhin ●,

und im aufklappenden Kontextmenü auf den Befehl ●.

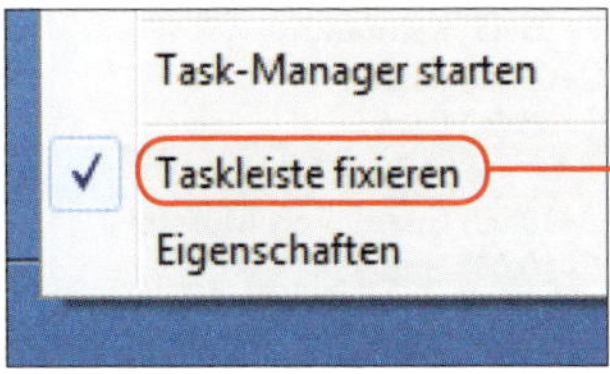

Daraufhin verschwindet das Häkchen vor dem Eintrag, was Sie aber nicht sehen, da das Menü sich sofort schließt.

2 Jetzt können Sie die Startleiste frei verschieben, indem Sie auf einen freien Bereich der Leiste klicken, beispielsweise hierhin ●,

und die Maustaste gedrückt halten. Dann ziehen Sie die Leiste mit weiterhin gedrückter Maustaste an einen Fensterrand, etwa nach oben

oder ganz an den linken Rand.

Sobald Sie die Maustaste loslassen, wird die Startleiste neu platziert.

3 Wenn Ihnen die neue Position gefällt, sollten Sie die Startleiste wieder fixieren, damit sie nicht versehentlich verschoben wird. Hierzu klicken Sie erneut mit der *rechten* Maustaste auf einen freien Bereich der Startleiste und wählen den Befehl ●.

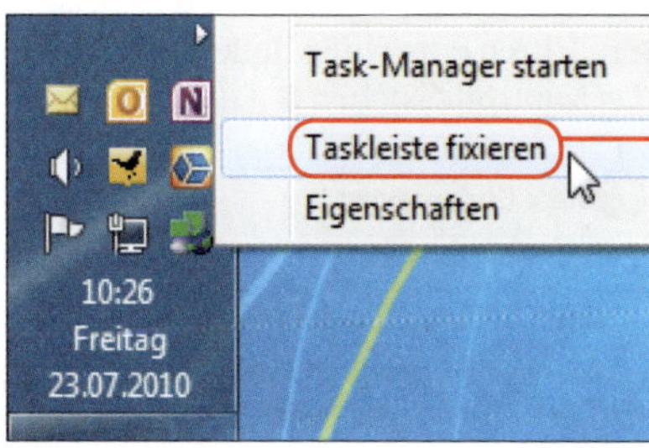

Weltzeit-Uhren in die Startleiste einbauen

Wer gerne reist oder Freunde in aller Welt hat, möchte wissen, wie spät es zurzeit in Hong Kong, New York oder Sydney ist. Wenn Sie nicht ständig die Zeitunterschiede berechnen möchten, können Sie bis zu drei Weltzeit-Uhren in die Startleiste einbauen.

1 Klicken Sie unten rechts in der Taskleiste mit der *rechten* Maustaste auf die Uhrzeit,

und wählen Sie im aufklappenden Kontextmenü den Befehl

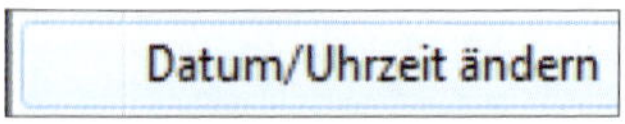

.

2 Wechseln Sie anschließend per Mausklick in das Register

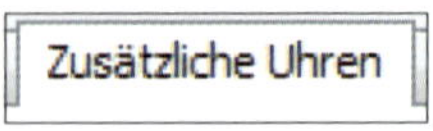

.

Nun können Sie bis zu zwei weitere Uhren einrichten, indem Sie das Kontrollkästchen ●

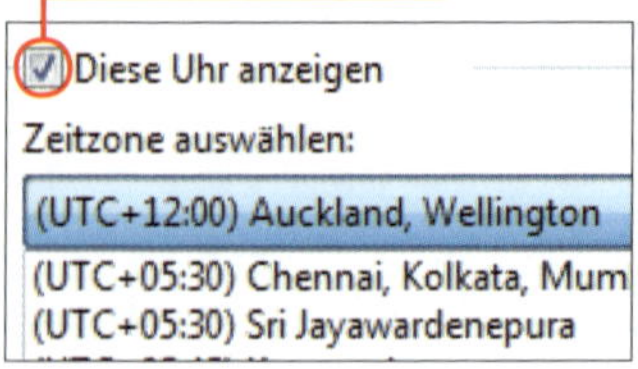

anklicken und die entsprechende Zeitzone auswählen, zum Beispiel ●.

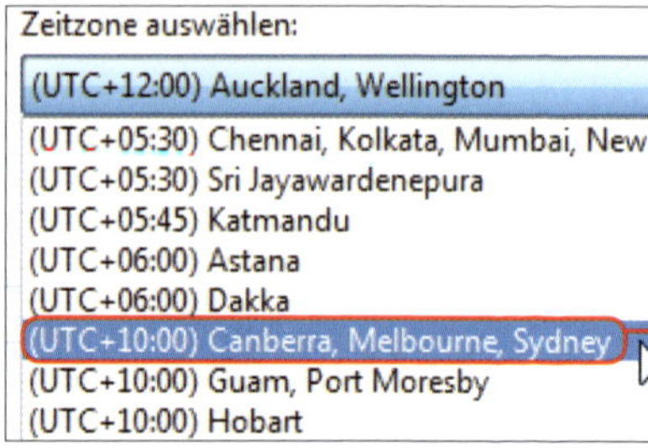

3 Geben Sie zusätzlich eine Kurzbeschreibung ein, etwa ●,

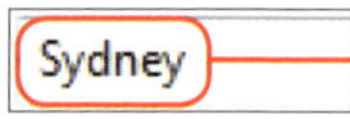

und schließen Sie das Fenster mit einem Mausklick auf

.

Wenn Sie künftig mit der Maus auf die Uhr zeigen oder klicken, blendet Windows die zusätzlichen Uhren ein.

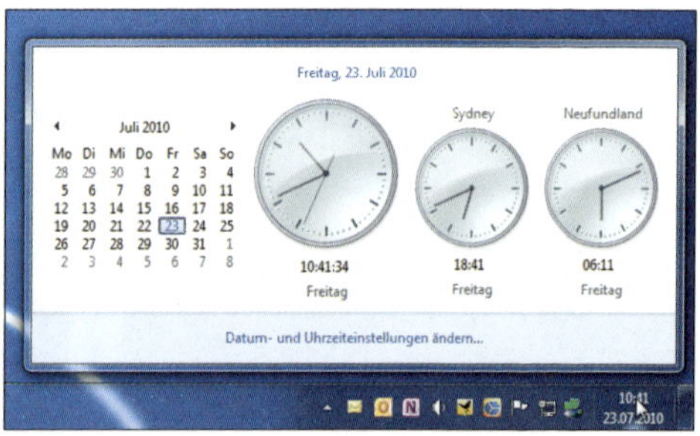

Fenstergröße beim Verschieben beibehalten

Windows 7 hilft beim Anordnen der Fenster. Wenn Sie in die Titelleiste eines Fensters

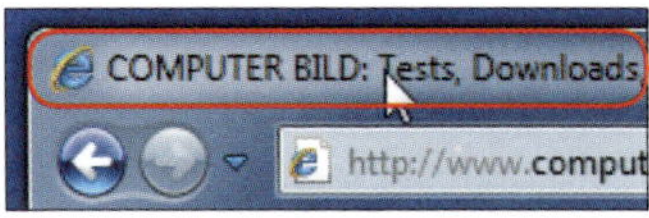

klicken und es mit gedrückter Maustaste an den rechten oder linken Bildschirmrand ziehen, wird es automatisch auf die halbe Bildschirmgröße gebracht.

Mit dieser „Schnappfunktion" können Sie zum Beispiel zwei Fenster exakt nebeneinander anordnen.

Allerdings finden nicht alle Anwender die Schnappfunktion praktisch. Soll Windows die Fenster beim Ziehen an den Rand nicht automatisch vergrößern, lässt sich die Schnappfunktion ausschalten.

1 Um die automatische Anordnung auszuschalten, klicken Sie als Erstes auf

und dann auf

.

2 Im nächsten Fenster folgt ein Mausklick auf

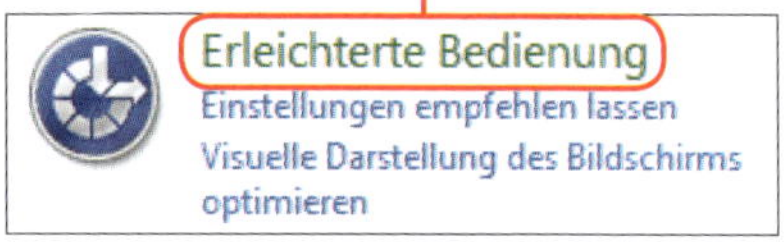

und anschließend auf den Befehl

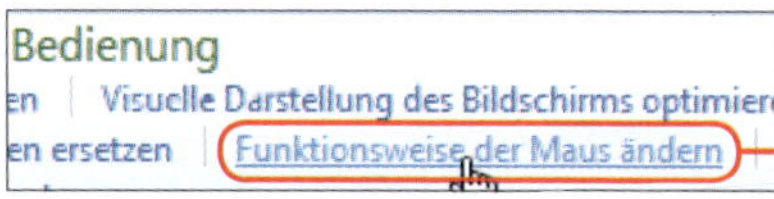

3 Jetzt brauchen Sie nur noch per Klick in das Kontrollkästchen

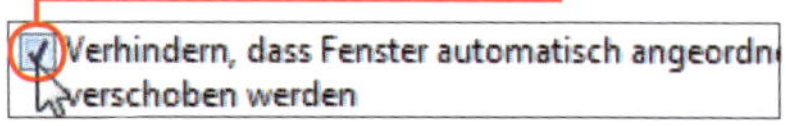

ein Häkchen zu setzen und die Änderung mit einem Klick auf

zu bestätigen. Künftig lassen sich Fenster ohne „Vergrößerungsgefahr" frei auf dem Bildschirm platzieren.

Den Monitor optimal einstellen

Monitor anschließen und einschalten - so gehen die meisten Anwender vor, wenn Sie einen Rechner aufbauen. Optimal ist das nicht. Denn bei jedem Monitor ist es wichtig, dass er richtig eingestellt ist. Vor allem wenn Sie am Rechner Fotos bearbeiten, sollte der Monitor in Sachen Farben, Helligkeit und Kontrast richtig justiert sein. „Kalibrieren" nennen Fachleute das Einstellen des Bildschirms. Am einfachsten geht's mit dem versteckten Kalibrierprogramm von Windows 7.

1 Um Zugriff darauf zu erhalten, klicken Sie auf

und geben ins Suchfeld den Befehl

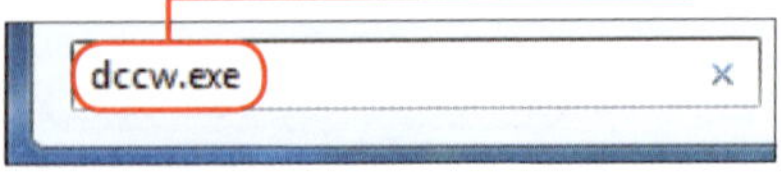

ein. Nachdem Sie die Eingabe mit der [↵]-Taste bestätigt haben, erscheint das Programm zur Bildschirm-Farbkalibrierung.

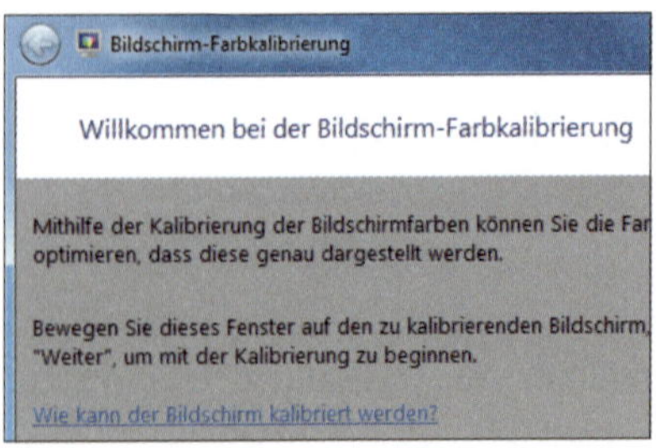

2 Bestätigen Sie die ersten zwei Fenster des Assistenten jeweils mit einem Klick auf

.

Im dann folgenden ersten Einstellungsfenster legen Sie den sogenannten Gammawert fest. Die drei Beispielfotos zeigen, wie das Foto auf der nächsten Seite eingestellt werden muss; korrekt ist das mittlere Foto.

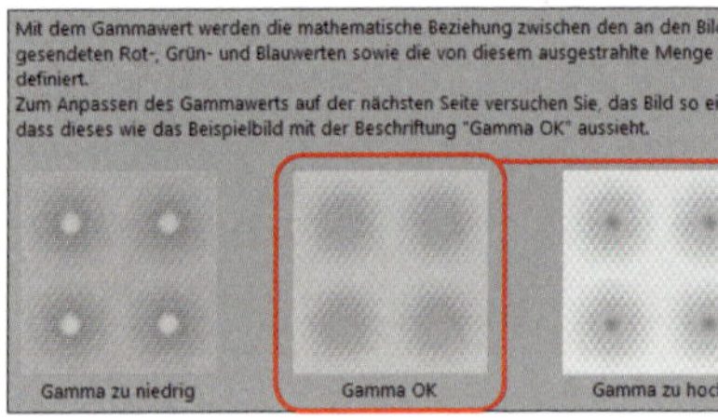

Damit Sie die entsprechende Einstellung vornehmen können, klicken Sie auf

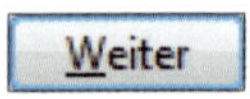

.

3 Sollte das Einstellfoto nicht so aussehen wie das zuvor gezeigte mittlere Foto, ziehen Sie den Schieberegler

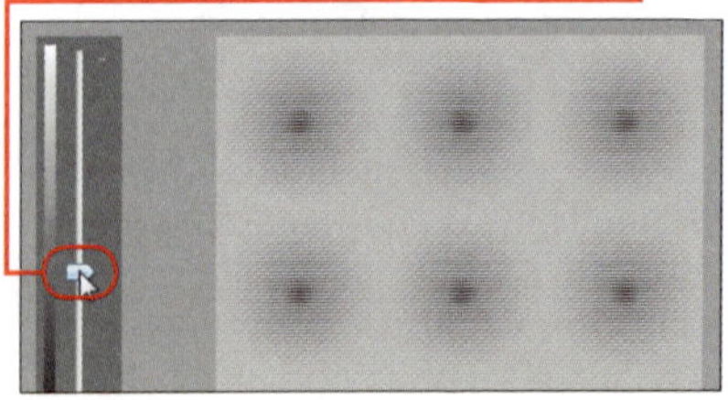

mit gedrückter Maustaste so weit, bis das Optimum erreicht ist. Sobald der Gammawert eingestellt ist, klicken Sie in den nächsten drei Fenstern auf

.

4 Im zweiten Einstellungsfenster geht es um die Helligkeit. Stellen Sie die Helligkeit am Monitor so ein, dass auf dem Beispielfoto Hemd und Anzug voneinander unterschieden werden können, das X ● aber kaum sichtbar ist.

Wenn Sie am Monitor die richtige Helligkeitseinstellung gefunden haben, klicken Sie auf

.

5 Auf der nächsten Seite bestimmen Sie den Kontrast. Das mittlere Foto ● zeigt wieder, wie der Kontrast optimal eingestellt ist.

Klicken Sie auf die Schaltfläche

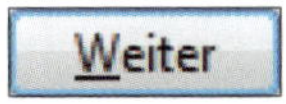

,

und justieren Sie den Kontrast am Monitor so, dass das Foto dem mittleren Beispielfoto der vorherigen Seite entspricht.

Bestätigen Sie die Einstellung erneut per Klick auf

.

6 Der letzte Schritt kümmert sich um den Farbausgleich zur optimalen Darstellung von Grautönen. Die Beispielgrafiken zeigen wieder den optimalen Farbausgleich mit neutralen Grautönen: ●.

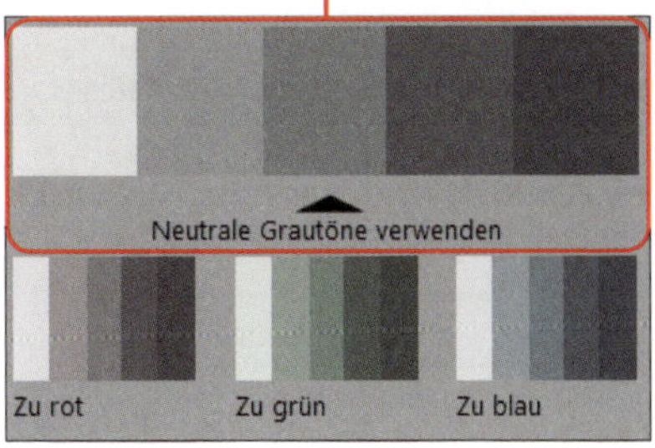

Klicken Sie auf die Schaltfläche

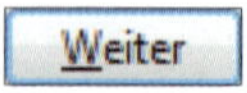

.

7 Falls nun auf dem Einstellfoto keine grauen, sondern leicht farbige Balken erscheinen, müssen Sie die Einstellungen verändern. Hierzu verschieben Sie die Regler am unteren Rand

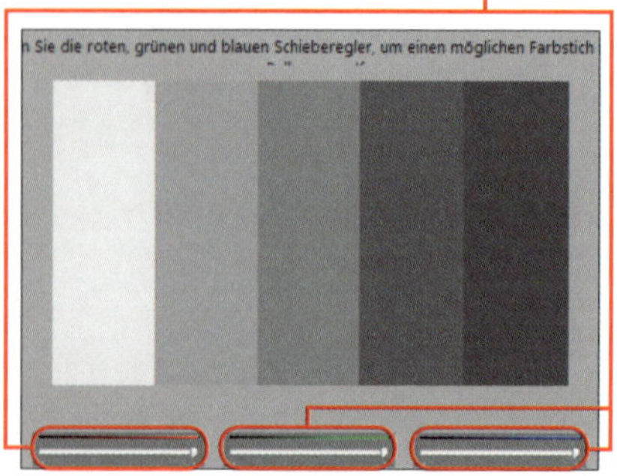

so, dass nur noch graue, farblose Balken sichtbar sind. Klicken Sie auf

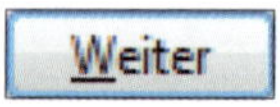

,

um fortzufahren.

8 Achten Sie im nächsten Fenster darauf, dass das Kontrollkästchen

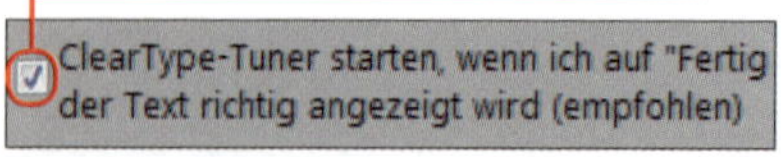

mit einem Häkchen versehen ist. Danach folgt ein Klick auf

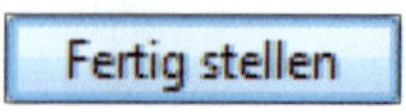

.

Es erscheint der Assistent zur Textoptimierung. Kreuzen Sie das Kontrollkästchen

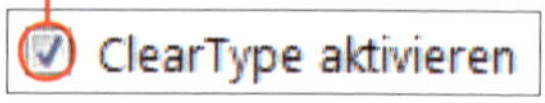

an, und klicken Sie auf

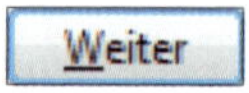

.

9 Der Assistent zeigt jetzt zwei Beispieltexte. Klicken Sie auf den Text, der am besten lesbar ist, zum Beispiel ,

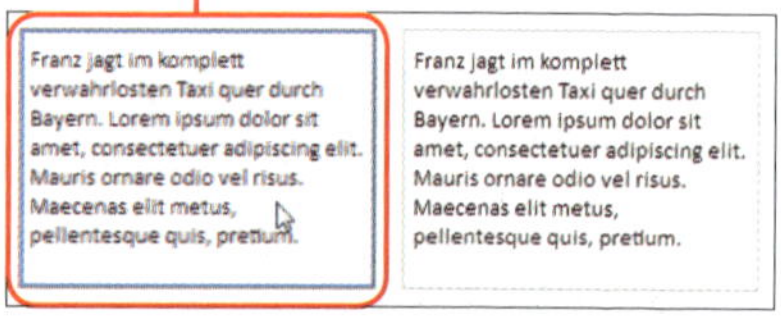

und bestätigen Sie die Auswahl mit

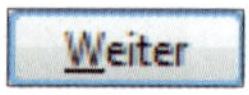

.

10 Daraufhin werden sechs Beispieltexte angezeigt. Markieren Sie per Mausklick auch hier den Text, der am besten zu entziffern ist, etwa ,

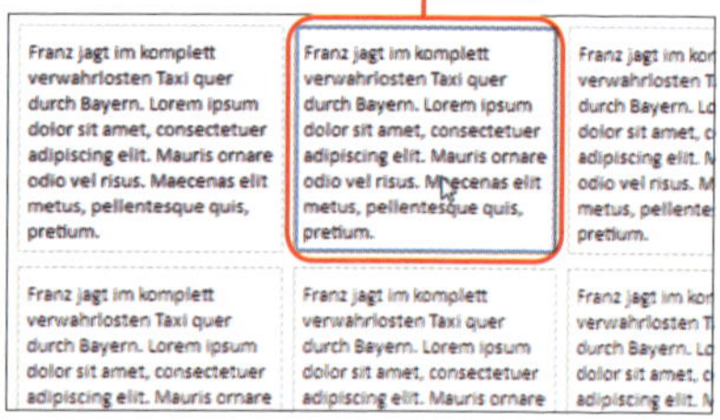

und klicken Sie zum Fortfahren auf die Schaltfläche

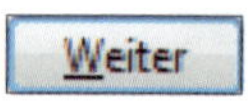

.

11 Anschließend erscheinen drei weitere Beispieltexte. Auch hier markieren Sie den besten Vorschlag – zum Beispiel ● –

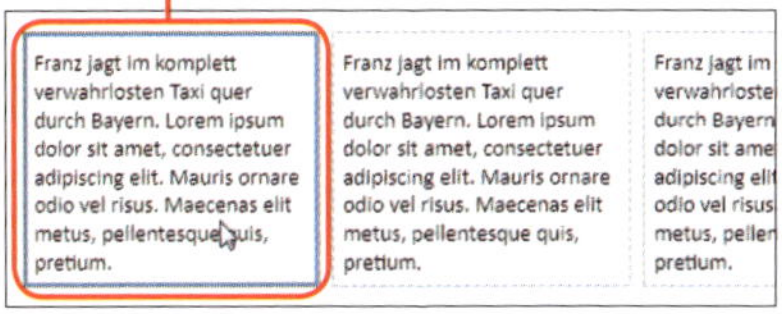

und klicken erneut auf

.

12 Im letzten Schritt zeigt der Assistent vier weitere Textbeispiele. Wie zuvor markieren Sie den am besten lesbaren Text, beispielsweise ●,

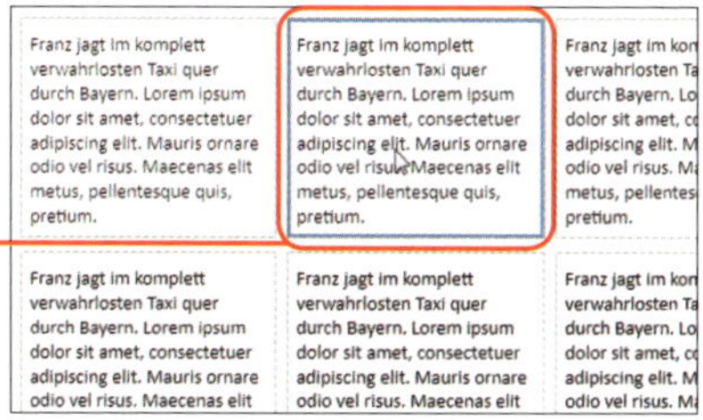

und bestätigen per Klick auf

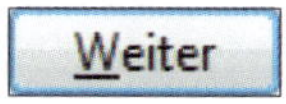

sowie auf die Schaltfläche

.

Die Bildschirmjustierung ist damit abgeschlossen.

Das Hintergrundbild verteilen

Um mehr Platz auf der Arbeitsoberfläche zu haben, sind an vielen Rechnern zwei Monitore angeschlossen. Die Arbeitsoberfläche lässt sich dadurch auf den zweiten Monitor erweitern. Wenn ein Hintergrundbild eingerichtet wird, erscheint es jedoch auf jedem Monitor separat. Mit folgenden Schritten können Sie dafür sorgen, dass sich ein entsprechend großes Hintergrundbild über beide Bildschirme erstreckt.

1 Damit's klappt, sollten Sie zunächst die **Auflösung** der Bilddatei bestimmen. Hierzu klicken Sie mit der *rechten* Maustaste auf eine freie Stelle der Arbeitsoberfläche und dann auf ●.

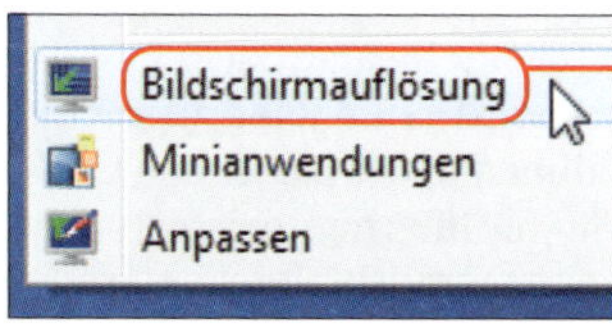

Im nächsten Fenster können Sie die Auflösung des Hauptbildschirms ablesen, zum Beispiel ●.

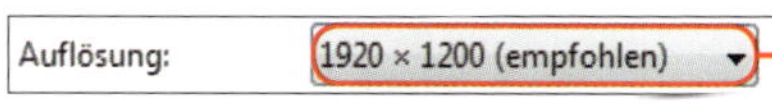

Die erste Zahl steht für die Breite, die zweite für die Höhe des Bildes.

2 Klicken Sie nun auf den zweiten Bildschirm ●,

und lesen Sie auch hier die Auflösung ab. Im Idealfall sind beide Auflösungen identisch, im Beispiel also

Schließen Sie das Fenster per Klick auf

3 Um die optimale Breite zu ermitteln, addieren Sie die jeweils erste Zahl miteinander, im Beispiel 1920 + 1920 = 3840. Die optimale Höhe ergibt sich aus dem zweiten Pixelwert, im Beispiel 1200. Die optimale Auflösung für ein Breitbild beträgt dann zum Beispiel 3840 x 1200 Bildpunkte. Ist die Auflösung niedriger, zeigen sich schwarze Balken; ist das Bild größer, wird es am Rand abgeschnitten. Aufnahmen in der passenden Größe finden Sie im Internet, beispielsweise auf den Seiten **www.bigbackgrounds.com** oder **www.dualscreenwallpaper,com**.

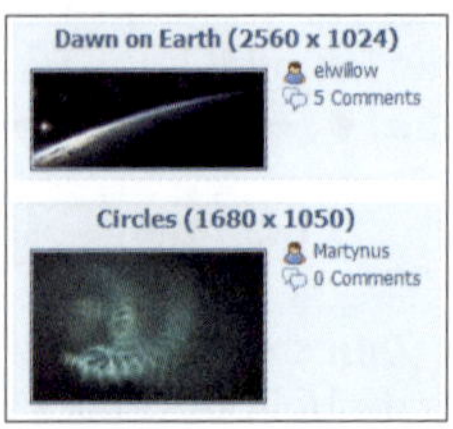

4 Sobald Sie eine passende Bilddatei gefunden und heruntergeladen haben, klicken Sie mit der *rechten* Maustaste auf einen freien Bereich der Arbeitsoberfläche und wählen im aufklappenden Kontextmenü den Befehl ●.

Danach klicken Sie auf

und auf den Befehl

5 Im nächsten Fenster wechseln Sie in den Ordner, in dem sich die Bilddatei befindet, etwa ●,

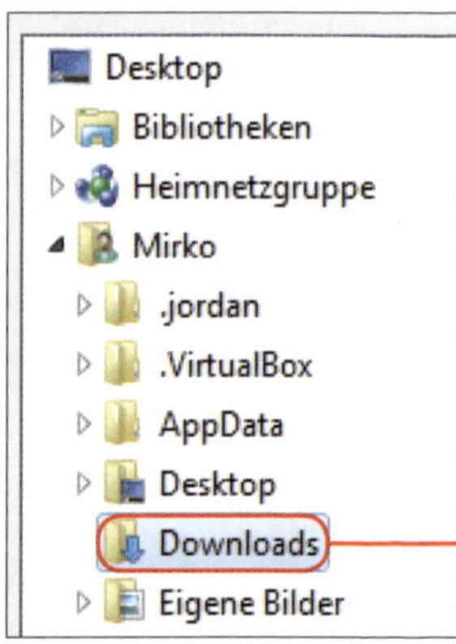

und bestätigen Ihre Wahl mit

OK.

Markieren Sie die Datei per Mausklick, zum Beispiel ●.

6 Damit das Bild über beide Bildschirme verteilt wird, klicken Sie nun auf das nach unten weisende Dreieck ●

und wählen den Eintrag

.

Zum Schluss klicken Sie auf

Änderungen speichern

sowie auf das Schließkreuz

X.

Die Explorer-Übersicht „Computer“ erweitern

Wenn Sie den Windows-Explorer starten (zum Beispiel mit der Tastenkombination [⊞] + [E]), erscheinen in der Übersicht

Computer

alle Festplatten-, Netzwerk- und Speicherkartenlaufwerke.

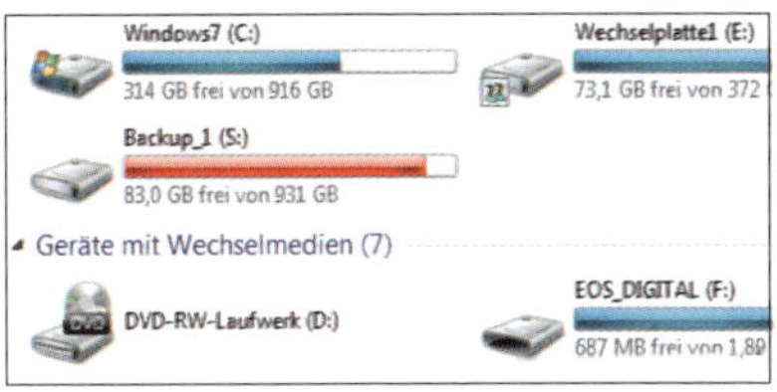

Das war's aber auch schon. Mit folgendem Trick können Sie hier auch Programme, Dateien und Dateiverknüpfungen aufnehmen:

1 Im Windows-Explorer klicken Sie als Erstes auf

Organisieren ▾

und dann auf den Eintrag

Ordner- und Suchoptionen.

2 Als Nächstes wechseln Sie mit einem Mausklick ins Register

Ansicht.

Entfernen Sie das Häkchen vor ●,

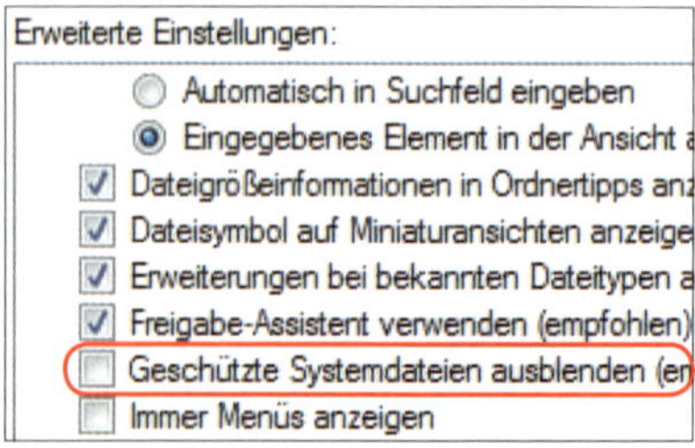

,

und bestätigen Sie die Sicherheitswarnung mit

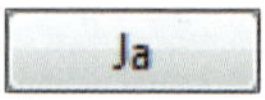

.

Aktivieren Sie weiter unten die Option ●,

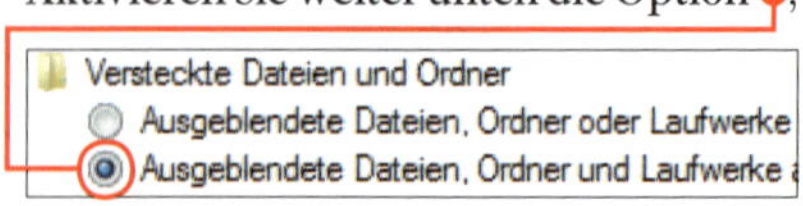

und klicken Sie auf

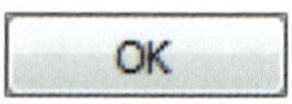

,

um die Änderungen zu speichern.

3 Klicken Sie nun in der linken Spalte des Windows-Explorers auf ●.

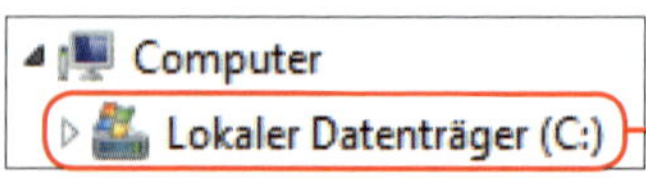

Dann klicken Sie im rechten Fensterbereich doppelt auf

und anschließend ebenfalls doppelt auf Ihren Windows-Benutzernamen, im Beispiel ●.

4 Danach folgen Doppelklicks auf die Ordner

,

,

,

und schließlich

.

5 Wenn Sie in den letztgenannten Ordner „Network Shortcuts“ Verknüpfungen zu Programmen oder Dateien ablegen, erscheinen diese automatisch in der Explorer-Übersicht. Um zum Beispiel das Programm

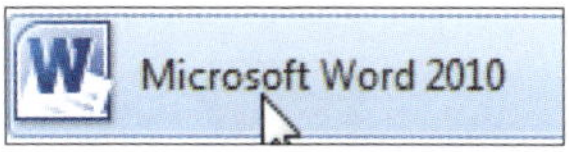

aus dem Startmenü dort abzulegen, klicken Sie im Startmenü auf das Programmsymbol und - ganz wichtig - halten die Maustaste gedrückt.

Dann ziehen Sie die Maus mit weiterhin gedrückter Maustaste in den rechten Bereich des Explorer-Fensters.

Sobald hier der Hinweis

erscheint, lassen Sie die Maustaste los. Wiederholen Sie den Schritt für alle Programme, die im Explorer aufgelistet werden sollen.

6 Wenn Sie jetzt im Windows-Explorer in den Bereich

wechseln, erscheinen unterhalb der Laufwerke zusätzlich die von Ihnen hinzugefügten Programme, im Beispiel ●.

7 Sobald alle Lieblingsprogramme abgelegt wurden, sollten Sie die Änderungen aus Schritt 2 dieser Anleitung rückgängig machen und wieder die Optionen

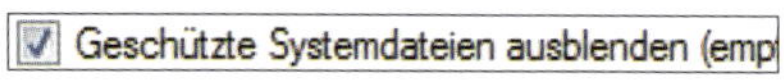

sowie ●

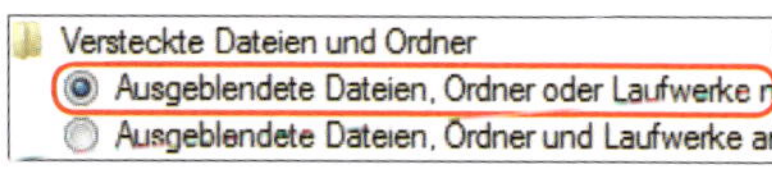

aktivieren.

Windows-Explorer mit der Übersicht „Computer" starten

Wenn Sie den Windows-Explorer per Klick auf das Symbol

in der Startleiste starten, erscheinen zuerst die Bibliotheken.

Falls Sie stattdessen lieber mit der Übersicht der Festplatten

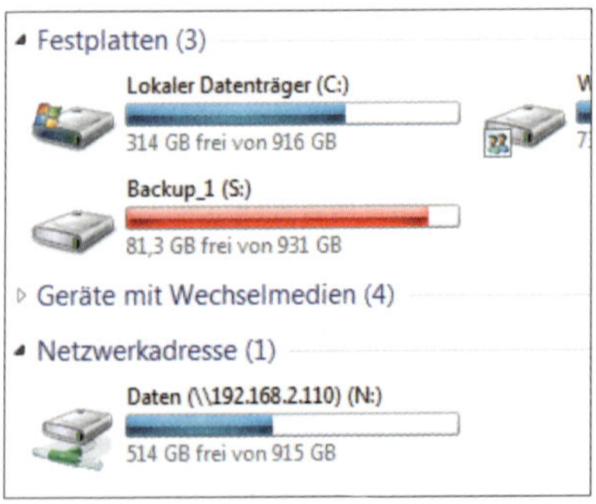

beginnen möchten, können Sie den Explorer so umkonfigurieren, dass er sofort die Laufwerksliste öffnet.

1 Klicken Sie dazu mit der *rechten* Maustaste auf das Explorer-Symbol

in der Taskleiste. Anschließend klicken Sie mit der *rechten* Maustaste auf ● und wählen im aufklappenden Kontextmenü den Befehl ●.

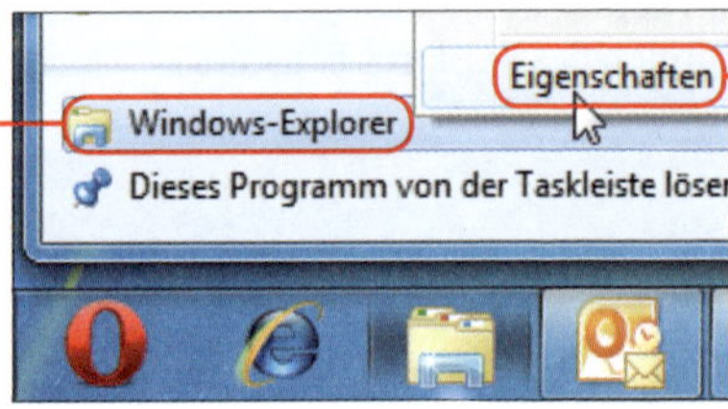

2 Als Nächstes klicken Sie in die Zeile ●

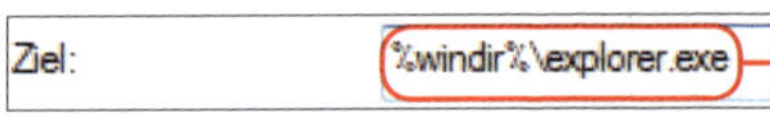

und springen mit der Taste [Ende] ans Ende der Zeile. Geben Sie hier ein Leerzeichen sowie zwei Doppelpunkte ● ein.

Direkt dahinter tippen Sie die folgende Zeichenfolge ein: {**20d04fe0-3aea-1069-a2d808002b30309d**}
Die geschweiften Klammern erzeugen Sie mit der Tastenkombination [AltGr] + [7]

beziehungsweise [Alt Gr] + [0]. Die komplette Zeile sieht jetzt so aus: ●.

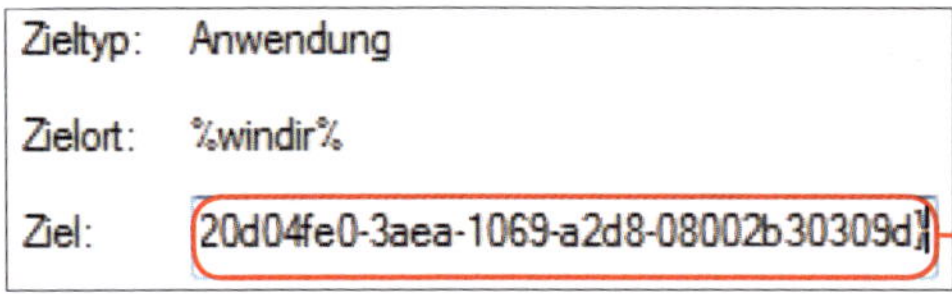

3 Schließen Sie das Fenster per Mausklick auf die Schaltfläche

.

Künftig zeigt der Windows-Explorer beim Start sofort die Liste der Laufwerke.

Geheimprogramm für den Zugriff auf Windows-Einstellungen

Änderungen an den Windows-Einstellungen werden normalerweise in der **Systemsteuerung** vorgenommen. Allerdings sind die Einstellungen hier tief verschachtelt und teils gut versteckt; andere Optionen sind gar nicht zu finden und nur in der **Registrierdatenbank** erreichbar. Wenn Sie nicht lange nach Systemeinstellungen suchen möchten, sollten Sie das Geheimprogramm „Alle Aufgaben" nutzen. Hier sind alle Windows-Einstellungen zusammengefasst.

1 Um das verstecke Programm nutzen zu können, müssen Sie zuerst eine neue Programmverknüpfung anlegen. Hierzu klicken Sie mit der *rechten* Maustaste auf einen freien Bereich der Arbeitsoberfläche - etwa hierhin ● -,

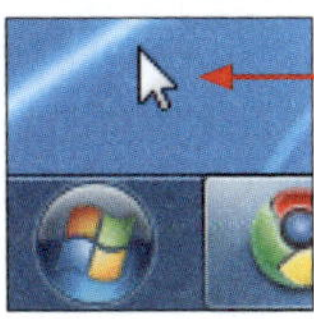

und wählen dann im Kontextmenü den Eintrag

sowie

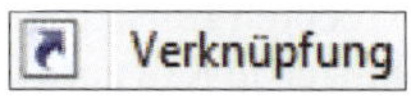

.

2 Nun geben Sie als Verknüpfungsziel folgende Zeile ein: **explorer.exe shell:::{ED7BA470-8E54-465E-825C-99712043E01C}** ●

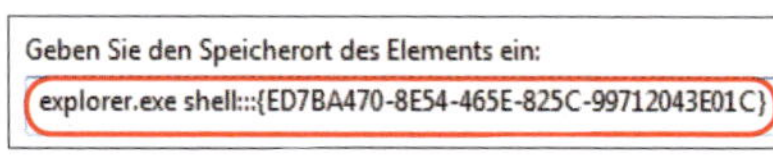

Achten Sie auf die Leerzeichen, die drei Doppelpunkte und die korrekte Groß- und Kleinschreibung. Die geschweiften Klammern geben Sie mit der Tastenkombination [Alt Gr] + [7] beziehungsweise [Alt Gr] + [0] ein. Bestätigen Sie die Eingabe mit

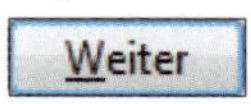

.

3 Anschließend geben Sie der Verknüpfung den Namen

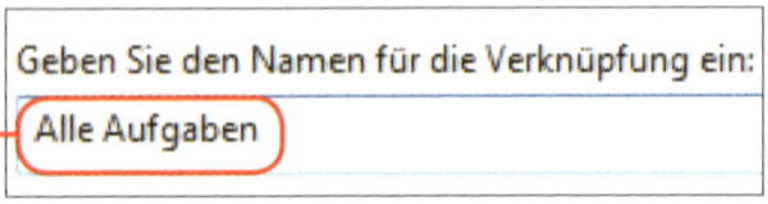

,

und klicken danach einfach auf die Schaltfläche

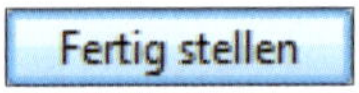

.

4 Jetzt können Sie das Geheimprogramm per Doppelklick auf das neue Symbol

starten. Im rechten Fensterbereich sind die Einstellungen in Kategorien wie

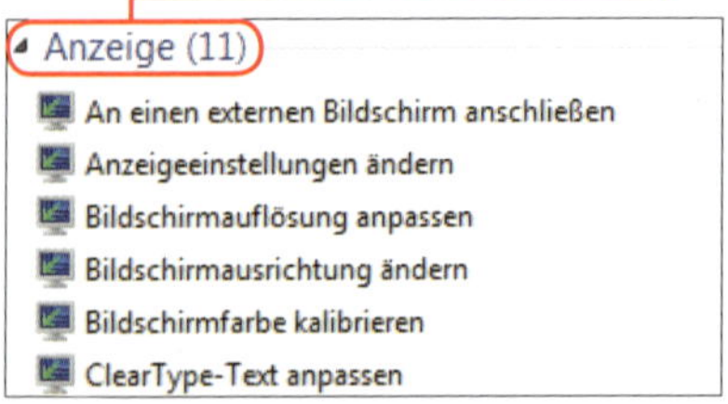

oder auch

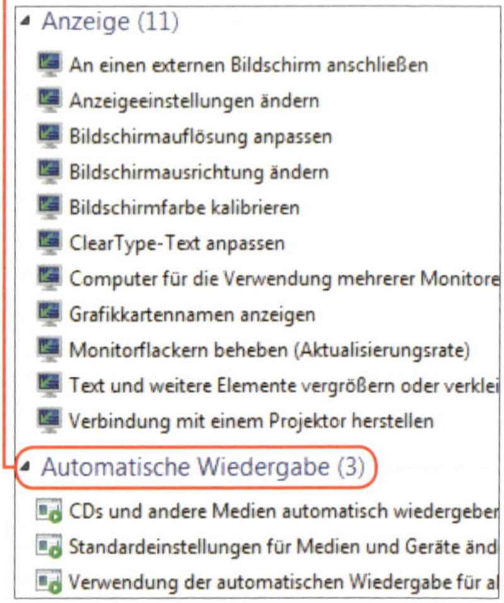

unterteilt. Um eine der Einstellungen zu ändern - etwa die automatische Wiedergabe von eingelegten CDs oder DVDs -, klicken Sie doppelt auf den jeweiligen Eintrag, im Beispiel auf

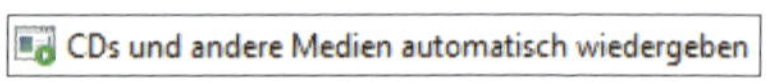

.

Sofort gelangen Sie zum richtigen Systemsteuerungsfenster und müssen sich nicht manuell durch die Systemsteuerung hangeln.

Registrierdatenbank sichern und wiederherstellen

Bei Arbeiten an der **Registrierdatenbank** darf kein Fehler passieren; sonst besteht die Gefahr, dass Windows danach nicht mehr richtig funktioniert. Damit nichts schiefgehen kann, sollten Sie vorsichtshalber vor jeder Änderung an der Registrierdatenbank eine Sicherheitskopie anlegen.

Vorsicht bei Änderungen an der Registrierdatenbank

Im Verlaufe dieses Buches finden Sie immer wieder Schritt-für-Schritt-Anleitungen, mit denen Sie tief ins System eingreifen können. Meist beinhalten diese Optimierungen Änderungen oder Ergänzungen in der Registrierdatenbank. In ihr speichert und verwaltet Windows alle Einstellungen, die das Betriebsprogramm selbst, die angeschlossenen Geräte und auch die installierten Anwendungen betreffen. So erstaunt es nicht, dass Sie hier zwar die ausgefeiltesten und effektivsten Änderungen vornehmen können, um Ihren PC ganz individuell einzurichten. Andererseits ist aber gerade in diesen Bereichen höchste Vorsicht geboten.

■ Das heißt: Bei Arbeiten in der Registrierdatenbank sollten Sie jeden Tastendruck aufmerksam vornehmen. Außerdem sollten Sie sicherheitshalber vor der Bearbeitung der Registrierdatenbank eine Sicherheitskopie ihres Inhalts anlegen. Das geht – wie die nebenstehende Schritt-für-Schritt-Anleitung zeigt –, ohne dass Sie die Registrierdatenbank öffnen müssen und so versehentlich schon vor der Sicherung eine Falscheingabe vornehmen. Von dieser Option sollten Sie regelmäßig Gebrauch machen. Dann lässt sich – im Fall der Fälle – der zuletzt gespeicherte Zustand sozusagen auf Doppelklick wiederherstellen.

1 Um die Registrierdatenbank zu sichern, drücken Sie die Tastenkombination [Win] + [R] und geben folgenden Befehl ein: **regedit /e c:\Registry-Sicherung-22.03.2011.reg**

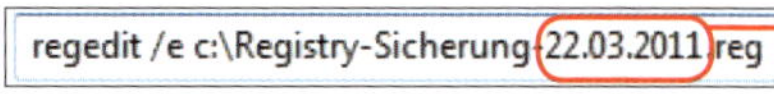

Verwenden Sie im Dateinamen das aktuelle Datum wie ●, um die verschiedenen Sicherungszeitpunkte später unterscheiden zu können. Das Zeichen \ erzeugen Sie mit der Tastenkombination [Alt Gr] + [ß]. Nach einem Mausklick auf

erfolgt noch die Sicherheitsabfrage der Benutzerkontensteuerung, in der Sie auf

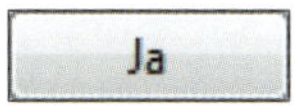

klicken. Nun legt Windows auf der Festplatte Ihres Rechners eine Sicherheitskopie der Registrierdatenbank an.

2 Dank dieser Sicherungskopien können Sie jederzeit einen früheren Zustand der Registrierdatenbank wiederherstellen. Hierzu öffnen Sie mit der Tastenkombination [Win] + [E] den Windows-Explorer. Anschließend klicken Sie in der linken Spalte erst auf ● und dann auf ●.

Danach klicken Sie in der rechten Fensterhälfte doppelt auf die gewünschte Sicherungsdatei, im Beispiel auf ●.

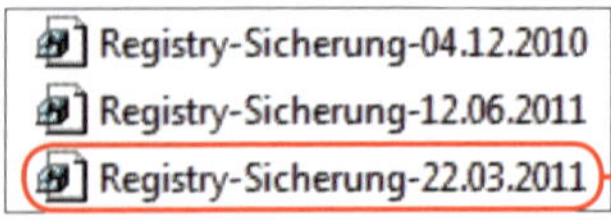

und bestätigen die Sicherheitswarnung erneut mit einem Klick auf

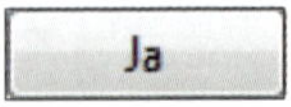

.

Sobald Sie auch das folgende Warnfenster des Registrierungseditors per Klick auf ●

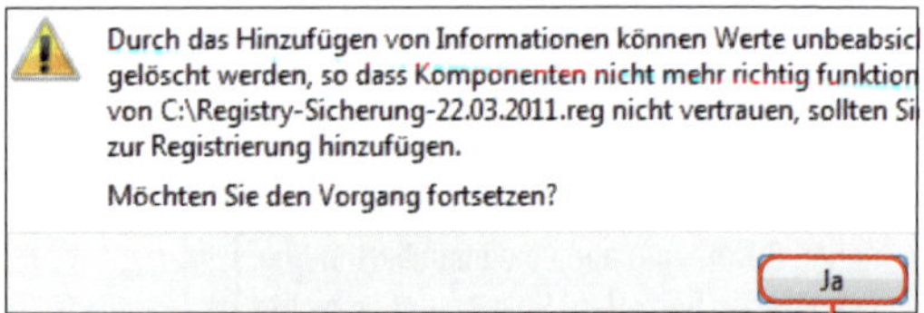

bestätigt haben, stellt Windows den gespeicherten Zustand der Registrierdatenbank wieder her. Bestätigen Sie abschließend das letzte Hinweisfenster per Mausklick auf die Schaltfläche

.

2 Schneller arbeiten mit Windows 7

Nach der ersten Installation ist die Freude erst einmal groß: Windows 7 ist richtig schnell, die Programme starten zügig, und auch das Startmenü ist flott. Das bleibt leider nicht so. Mit der Zeit wird Windows langsamer. Das Betriebssystem startet immer träger, und Programme brauchen eine halbe Ewigkeit, bis sie endlich in Gang kommen. Das muss nicht sein. Mit wenigen Handgriffen machen Sie Windows Beine und so schnell wie direkt nach der Installation - teilweise sogar noch schneller.

Im zweiten Kapitel dieses Buches erfahren Sie,

- wie Sie mit der Windows-Stoppuhr die Startzeit messen,
- wie Sie überflüssige Funktionen abschalten,
- wie die Startdateien von Windows 7 optimiert werden,
- wie Windows ohne Kennworteingabe durchstartet,
- wie Sie schneller mit Vorschaufenstern der Startleiste arbeiten
- und wie Fenster schneller verkleinert und vergrößert werden.

Kapitel-Wegweiser

Wie schnell startet Windows?

Wie schnell startet Ihr Rechner? Wenn Sie auf die Sekunde genau herausfinden möchten, wie lange Windows zum Starten braucht, können Sie entweder eine Stoppuhr zur Hand nehmen - oder das versteckte Messprogramm von Windows 7 verwenden.

1 Um mit den Bordmitteln die Startzeit zu ermitteln, klicken Sie auf

,

geben den Suchbegriff ●

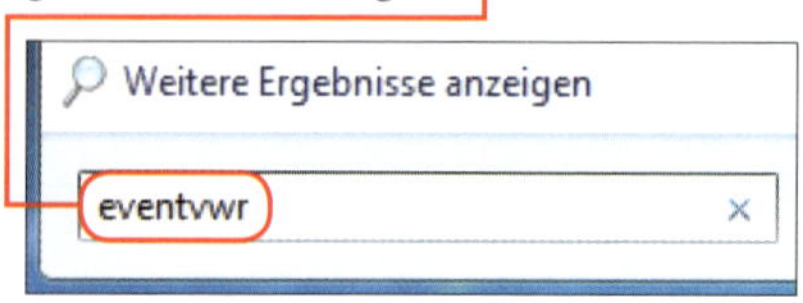

ein und drücken die [↵]-Taste.

2 Im Fenster, das daraufhin angezeigt wird, klicken Sie in der linken Spalte nacheinander jeweils doppelt auf

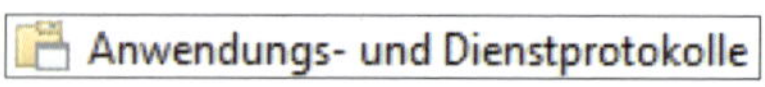
,

,

,

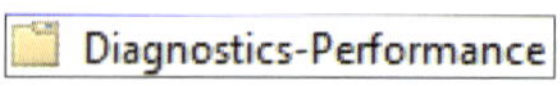
,

sowie

.

3 Anschließend klicken Sie in der rechten Fensterhälfte auf einen Eintrag, der in der Spalte ● den Wert ●

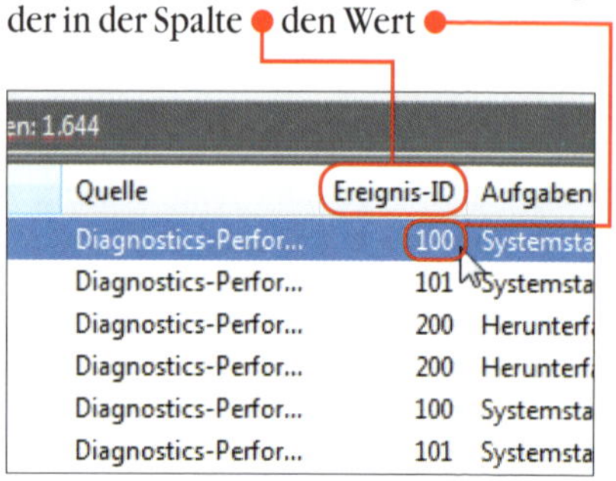

aufweist. Bei jedem Startvorgang legt Windows einen solchen Eintrag mit der Kennzahl 100 ein.

4 Im unteren Fenster verrät Windows, wie viele Millisekunden der jeweilige Start gedauert hat, zum Beispiel ●,

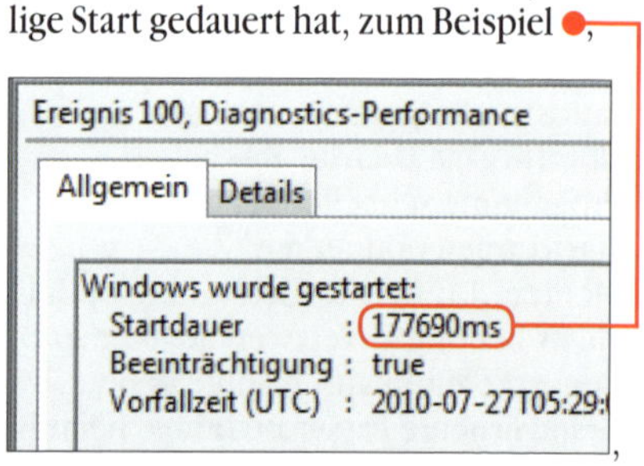
,

also rund 177 Sekunden. Der Vorteil der Messungen: Wenn Sie die nachfolgenden Tipps zur Startbeschleunigung durchführen, können Sie mithilfe der Startmessung kontrollieren, ob und wie viel die Maßnahmen gebracht haben.

Autostart-Programme abschalten

Die Hersteller vieler Programme sind der Meinung, dass ihr Programme ständig gebraucht werden - und richten die Installation Ihrer Programme so ein, dass die Anwendungen dann bei jedem Windows-Start automatisch gestartet werden. Das ist bei Sicherheitsprogrammen wie Virenwächtern sinnvoll, bei den meisten anderen Anwendungen verzögern sie aber nur den Windows-Start. Das gilt übrigens auch für Aktualisierungs-Funktionen, da die jeweiligen Programme die Aktualisierungen nachholen, sobald sie gestartet werden. So schalten Sie die Startbremsen ab:

1 Klicken Sie auf die Schaltfläche

, geben Sie in das Suchfeld ● ein,

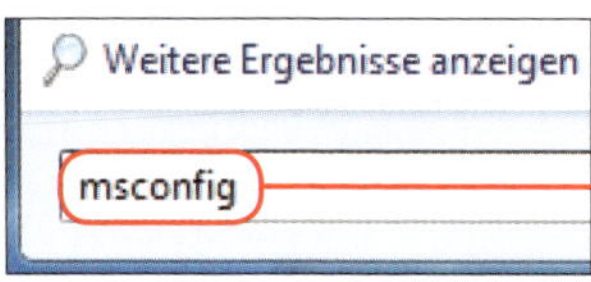

ein, und bestätigen Sie die Eingabe mit der [↵]-Taste.

2 Wenn Sie anschließend per Klick auf den Registerreiter ●

die dazugehörige Registerkarte in den Vordergrund geholt haben, erscheint eine Liste aller Programme, die automatisch mit Windows gestartet werden, im Beispiel unter anderem ●.

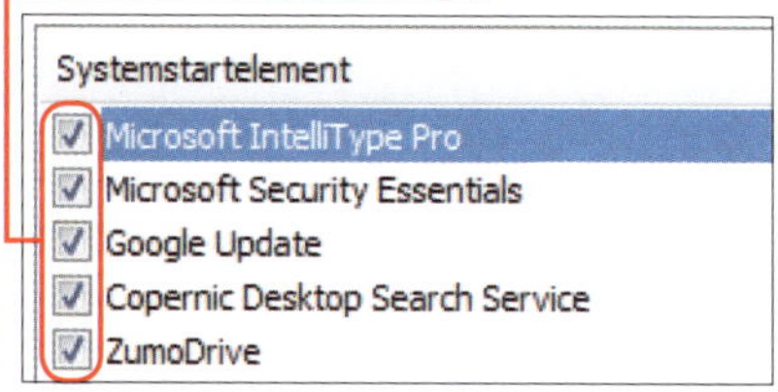

Jedes angekreuzte Programm verlangsamt den Startvorgang. Um Windows schneller zu starten, sollten Sie den Haken vor jedem Programm entfernen, das nicht automatisch gestartet werden soll, etwa bei

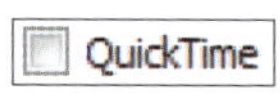

.

■ Die nachfolgende Tabelle zeigt, welche Autostart-Programme Sie bedenkenlos abschalten können:

Programm	Was ist das?
Adobe Reader	**PDF**-Anzeigeprogramm
Adobe Updater	Automatische Aktualisierungen für Produkte der Firma Adobe
Alcmtr	Hilfsprogramm für Realtek-**Soundkarten**

Programm	Was ist das?
ATI Desktop Control Panel	Hilfsprogramm für ATI-**Grafikkarten**
DW2Z	Fehlerberichterstattung für Office-Programme
Google Updater	Automatische Aktualisierungen für Google-Programme
HD Audio Control Panel	Hilfsprogramm für Realtek-Soundkarten
HP Component Manager	Automatische Aktualisierungen für Hewlett-Packard-Produkte
Nero Home	Nero-Scout-Programm der Firma Nero
NeroFilterCheck	Kontrollprogramm von Nero
NvCplDaemon	Hilfsprogramm für Nvidia-Grafikkarten
nwiz	Assistent für die Nvidia-Grafikkarten-Konfiguration
QuickTime/QuickTime Task	Schnellzugriff auf Funktionen für Apples QuickTime
RealNetworks Scheduler	Schnellstart für Real-Player
RTHDCPL	Startleistensymbol für Realtek-Soundkarten
SetIcon	Ordnersymbole für Speicherkarten
Soundman	Hilfsprogramm für Realtek-Soundkarten
Sun Java Update Scheduler	Automatische Aktualisierungen für das Hilfsprogramm Java
TVBroadcast	Gehört zum TV-Programm Sceneo Bonavista
Winamp Agent	Startleistensymbol für das Abspielprogramm Winamp.

3 Sobald Sie die entsprechenden Häkchen entfernt haben, klicken Sie auf die Schaltfläche

.

Sollte es beim nächsten Start zu Problemen kommen, wurde vermutlich ein falsches Autostart-Programm deaktiviert. In diesem Fall wiederholen Sie die obigen Schritte und setzen die zuvor entfernten Häkchen erneut.

Noch ein Extratipp: Nach Neuinstallationen oder Aktualisierungen aktivieren einige Anwendungen die Autostart-Funktion automatisch wieder. Daher empfiehlt es sich, die Schritte von Zeit zu Zeit zu wiederholen.

Überflüssige Dienste abschalten

Neben den Autostart-Programmen schleppt Windows eine Reihe von **Diensten** mit, die zwar einige Komfortfunktionen bieten, die den Rechner aber oft unnötig langsamer machen. Wenn Sie auf bestimmte Funktionen wie die Windows-Suche oder die Ereignisprotokollierung verzichten können, sollten Sie die entsprechenden Dienste abschalten. Zwar sind die Leistungszuwächse nicht gigantisch, doch so mancher Schub lässt sich erreichen. Um eine Übersicht über die derzeit aktiven Dienste zu erhalten und nicht benötigte Dienste abzuschalten, sind folgende Schritte notwendig:

1 Drücken Sie die **Tastenkombination** ⊞ + R, und geben Sie in das nachfolgende Dialogfenster den Befehl

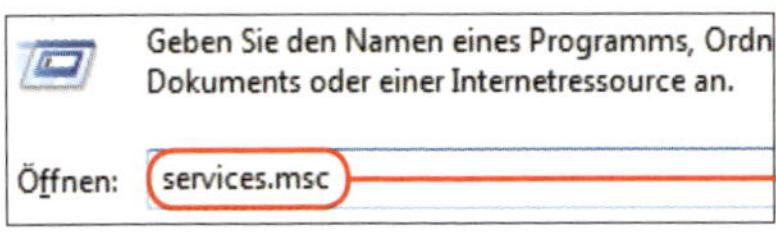

ein. Klicken Sie anschließend auf die Schaltfläche

.

2 Im daraufhin erscheinenden Fenster listet Windows alle Dienste auf, die auf Ihrem Computer installiert sind. Der Eintrag in der Spalte

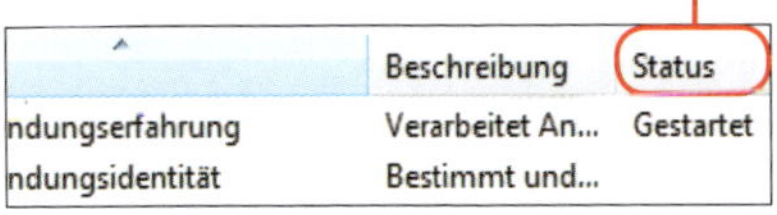

zeigt, ob der jeweilige Dienst gestartet ist oder nicht.

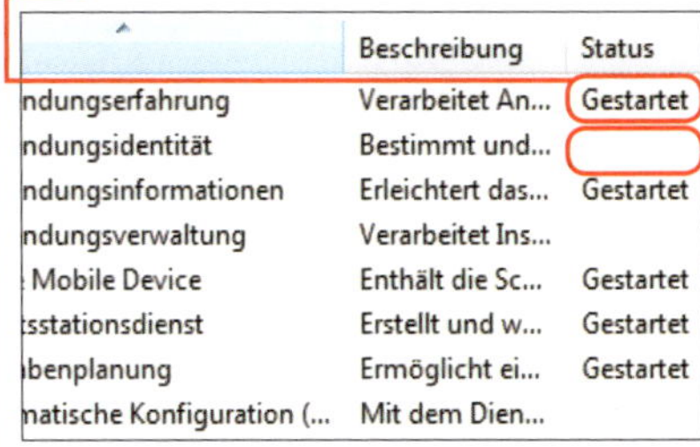

Wichtig ist die Spalte. Hier erkennen Sie, welche Dienste automatisch bei jedem Windows-Start mitgestartet werden:.

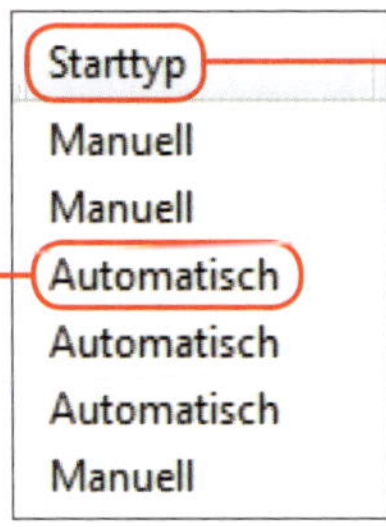

3 Um den automatischen Start eines Dienstes zu deaktivieren oder das Startverhalten zu ändern, klicken Sie doppelt auf den Namen des Dienstes, etwa.

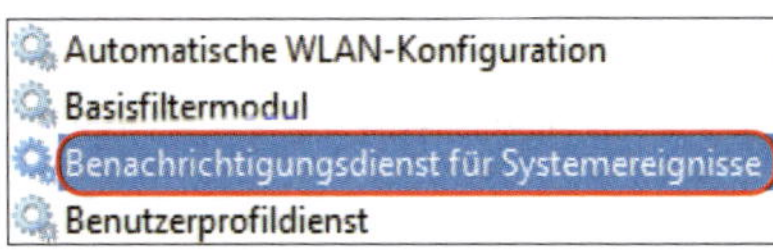

Nach einem Mausklick auf

Starttyp: Automatisch

stehen im geöffneten Listenfeld vier verschiedene Startvarianten zur Verfügung:

- Automatisch (Verzögerter Start)

Der Dienst startet automatisch bei jedem Windows-Start, allerdings zeitlich verzögert oder erst dann, wenn der Dienst tatsächlich benötigt wird.

- Automatisch

Der Dienst startet automatisch bei jedem Windows-Start.

- Manuell

Der Dienst startet erst, wenn er benötigt wird. So startet etwa die automatische **WLAN**-Konfiguration erst, wenn die Funkverbindung konfiguriert werden soll.

- Deaktiviert

Der Dienst ist komplett abgeschaltet und kann vom System nicht selbst gestartet werden. Ein Start über die Systemsteuerung und das Startmenü ist aber jederzeit möglich.

4 Sobald Sie die gewünschten Änderungen vorgenommen haben, klicken Sie auf

OK

und starten den Computer neu. Ab dem nächsten Windows-Start werden alle deaktivierten Dienste nicht mehr in den Arbeitsspeicher geladen, und Dienste mit dem Starttyp

Automatisch (Verzögerter Start)

starten erst, nachdem Windows geladen wurde. Mit abgeschalteten oder verzögert gestarteten Diensten schleppt Windows weniger Ballast mit und ist meist erheblich schneller.

5 Die folgende Übersicht zeigt eine Liste von Windows-Diensten, die automatisch mit Windows mitgestartet, aber nicht unbedingt benötigt werden. Für mehr Geschwindigkeit können Sie, wie soeben gezeigt, Dienste abschalten oder den verzögerten Start wählen. Falls Sie nicht sicher sind, ob ein Dienst benötigt wird oder nicht, lassen Sie die Standardeinstellungen unverändert.

Einstellungen für Windows-Dienste	
Sitzungs-Manager für Desktop	Wird benötigt für die **Aero**-Oberfläche von Windows 7. **Standardeinstellung:** Automatisch **Empfohlen:** Wenn Sie die Aero-Oberfläche nicht nutzen, können Sie den Dienst deaktivieren.
IP-Hilfsdienst	Wird nur für Netzwerke mit IPv6-Adressen benötigt. **Standardeinstellung:** Automatisch **Empfohlen:** Wenn Sie in Ihrem Netzwerk nur normale IPv4-Adressen verwenden, deaktivieren Sie den Dienst.

Einstellungen für Windows-Dienste	
Apple Mobile Device	Die Apple-Dienste brauchen Sie, wenn Sie Apple-Geräte wie iPhone oder iPod nutzen. Den Start können Sie jedoch gefahrlos verzögern. **Standardeinstellung:** Automatisch **Empfohlen:** Automatisch (Verzögerter Start).
Kryptografiedienste	Die Kryptografiedienste sind für das Windows-Update und die sichere Übertragung zwischen Ihrem Rechner und diversen Microsoft-Diensten wichtig. Ein verzögerter Start ist ausreichend. **Standardeinstellung:** Automatisch **Empfohlen:** Automatisch (Verzögerter Start).
Windows-Bilderfassung	Die Bilderfassung brauchen Sie erst, wenn Daten von angeschlossenen Kameras oder Scannern übertragen werden müssen. Daher bietet sich der verzögerte Start an. **Standardeinstellung:** Automatisch **Empfohlen:** Automatisch (Verzögerter Start).

Programme schneller beenden

Beim Herunterfahren gewährt Windows allen laufenden Programmen bis zu zwölf Sekunden zum Beenden. Das ist großzügig bemessen. Die unnötige Pause können Sie auf zwei Sekunden verkürzen:

1 Drücken Sie die Tastenkombination [Windows] + [R], geben Sie

regedit

ein, und klicken Sie auf

OK.

Danach bestätigen Sie die Sicherheitsabfrage per Mausklick auf

Ja.

2 Im Fenster, das sich daraufhin öffnet, folgt jeweils ein Doppelklick auf

HKEY_CURRENT_USER
HKEY_LOCAL_MACHINE
HKEY_USERS

und

SYSTEM

sowie

CurrentControlSet.

3 Dann klicken Sie erst auf den Ordner

Control

und anschließend in der rechten Fensterhälfte doppelt auf

WaitToKillServiceTimeout.

Ersetzen Sie den Wert

12000

durch

2000

für zwei Sekunden (2000 Millisekunden), und bestätigen Sie die Änderung per Klick auf

OK.

4 Im nächsten Schritt klicken Sie jeweils doppelt auf

HKEY_CURRENT_USER

sowie auf

Control Panel

und dann einmal auf

Desktop.

In der rechten Fensterhälfte folgt ein Doppelklick auf den Eintrag

AutoEndTasks.

■ Sollte der Eintrag „AutoEndTasks" nicht existieren, klicken Sie mit der *rechten* Maustaste auf

Desktop,

Neu,

und

Zeichenfolge.

Dann ersetzen Sie

Neuer Wert #1

durch und drücken die ↵-Taste.

AutoEndTasks

5 Zum Schluss klicken Sie doppelt auf

AutoEndTasks.

Tippen Sie den Wert

Name:
AutoEndTasks
Wert:
1

ein, und klicken Sie zur Bestätigung auf

OK.

Schließen Sie das Fenster wie gewohnt per Klick auf

X.

Startdateien optimieren

Beim Einschalten des Rechners liest Windows einige Systemdateien, die sogenannten Boot-Dateien (gesprochen: *Buut*-Dateien). Wenn diese Startdateien auf der Festplatte verstreut liegen, dauert der Windows-Start länger, da zuerst alle Teile zusammengesucht werden müssen. Mit folgendem Trick werden die Boot-Dateien wieder hintereinander am Stück angeordnet - und der Windows-Start geht schneller.

1 Klicken Sie als Erstes auf das Startsymbol

,

und geben Sie dann

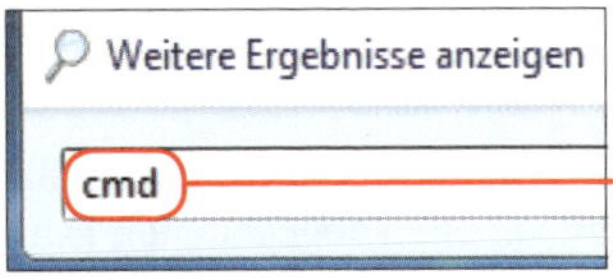

ein. Anschließend klicken Sie oben im Startmenü mit der *rechten* Maustaste auf und danach auf .

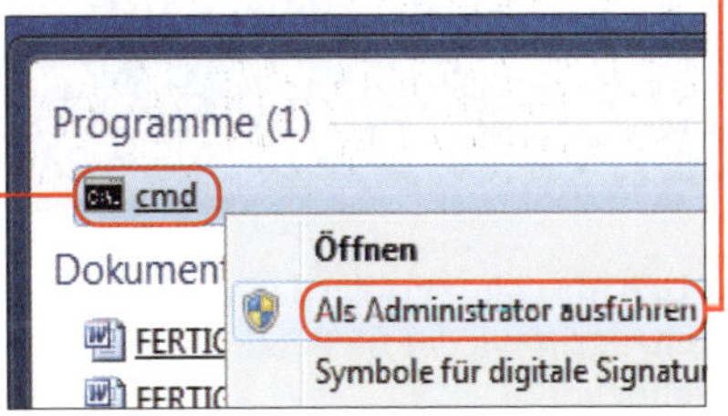

Die Sicherheitswarnung bestätigen Sie wie gewohnt mit einem Mausklick auf die Schaltfläche

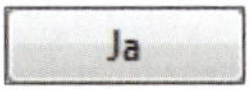

.

2 Im Fenster, das daraufhin angezeigt wird, tippen Sie den Befehl

ein und drücken die [↵]-Taste. Jetzt optimiert Windows im Hintergrund die Startdateien, erkennbar an der Meldung „Startoptimierung wird für ‚Lokaler Datenträger <C:>‘ aufgerufen“: .

Die Optimierung dauert in der Regel nur wenige Sekunden.

3 Sobald wieder die Zeile mit der blinkenden Einfügemarke

erscheint, ist der Optimierungsvorgang abgeschlossen. Schließen Sie das Fenster per Klick auf

.

Mehrere Laufwerke gleichzeitig optimieren

Damit der Rechner schnell bleibt, kümmert sich Windows 7 selbstständig um die sogenannte **Defragmentierung** der Festplatte. Etwa einmal pro Woche werden die Festplatten automatisch optimiert. Profis reicht das nicht aus – sie legen lieber selbst Hand an und starten die Defragmentierung manuell. Mit folgendem Trick können Sie sogar mehrere Laufwerke gleichzeitig optimieren:

1 Starten Sie die schwarze Befehlsfenster, indem Sie wieder das Startmenü öffnen und im Suchfeld

eingeben. Anschließend klicken Sie oben im Startmenü mit der *rechten* Maustaste auf

und dann auf den Befehl

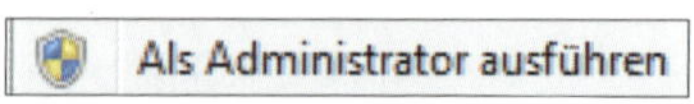

sowie auf die Schaltfläche

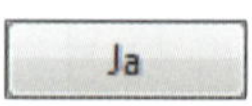

.

2 Nun geben Sie im geöffneten Fenster den Befehl

```
defrag
```

gefolgt von den gewünschten Laufwerken sowie dem Zusatz

```
/M
```

ein. Den Schrägstrich / erzeugen Sie übrigens mit der Tastenkombination [⇧] + [7].

Ein Beispiel: Um die Laufwerke C:, D: und E: gleichzeitig zu optimieren, lautet der Befehl:

```
defrag c: d: e: /M
```

Um die Optimierung zu starten, drücken Sie einfach die [↵]-Taste.

3 Die Defragmentierung wird daraufhin auf allen angegebenen Laufwerken gestartet und im Hintergrund ausgeführt. Sie erkennen dies an den entsprechenden Meldungen.

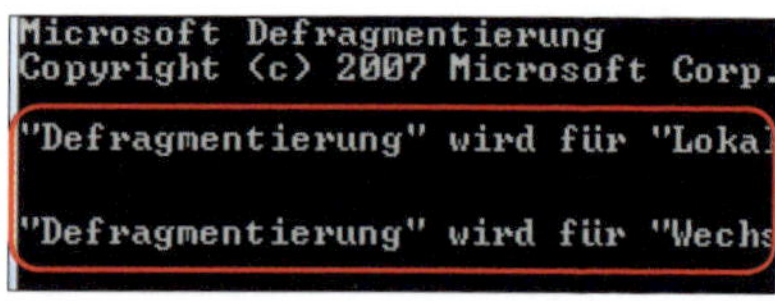

Nach Abschluss erfolgt dann der Festplattenzugriff wieder fließend und deutlich schneller.

Nicht benötigte Netzwerkadapter stoppen

Bei jedem Startvorgang überprüft Windows alle Netzwerkadapter auf angeschlossene Netzwerke. Das kostet eine Menge Zeit. Sollte der Rechner zum Beispiel nur per WLAN (und nicht mit einem Netzwerkkabel) mit einem **DSL-Router** verbunden sein, können Sie die Kabelschnittstelle abschalten und damit den Rechnerstart beschleunigen.

1 Klicken Sie zunächst unten rechts in der Startleiste auf das Symbol

beziehungsweise

und dann auf den Eintrag

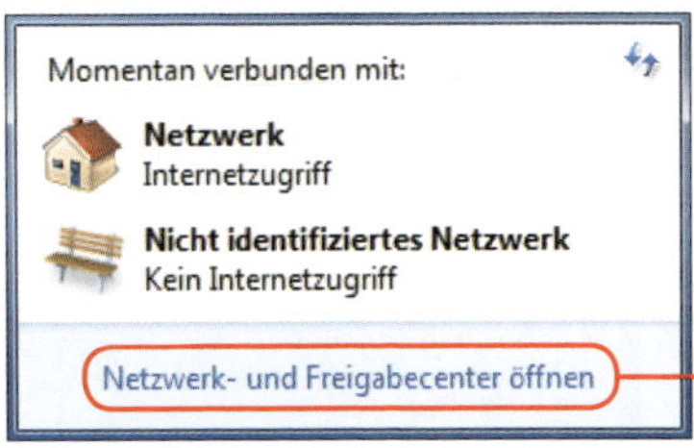

sowie auf den Befehl

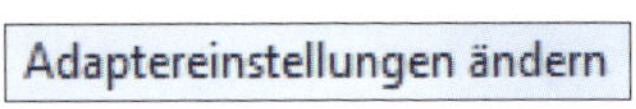

.

2 Im nächsten Fenster sind alle eingebauten Netzwerkadapter aufgeführt. Dabei steht das Symbol

für kabelgebundene Verbindungen, etwa zu einem DSL-Modem oder Router. Das Symbol

steht dagegen für WLAN-Verbindungen.

3 Falls Sie zum Beispiel nur die Funkverbindung, nicht aber die Kabelverbindung nutzen (also kein Netzwerkkabel am Rechner angeschlossen ist), können Sie die kabelgebundene Verbindung deaktivieren. Hierzu klicken Sie mit der *rechten* Maustaste auf die Kabelverbindung und dann auf .

In der Netzwerkübersicht erscheinen die ausgeschalteten Netzwerkadapter ausgegraut und mit dem Zusatz .

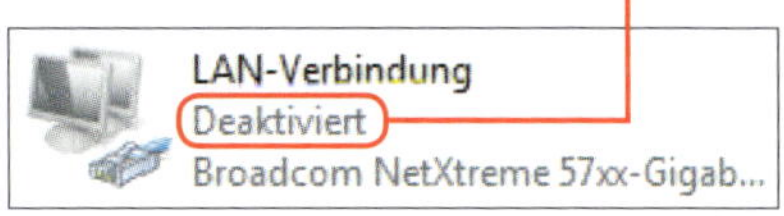

4 Auf die gleiche Weise können Sie gegebenenfalls auch die Adapter

und die

deaktivieren - vorausgesetzt, an Ihrem PC werden keine **Firewire**/1394- und **Bluetooth**-Verbindungen benötigt.

5 Möchten Sie einen deaktivierten Adapter wieder einschalten (weil Sie zum Beispiel eine Bluetooth-Maus anschließen wollen), wiederholen Sie die Anleitung, klicken in Schritt 3 aber abweichend auf

.

Benutzer automatisch anmelden

Wenn sich mehrere Benutzer den Rechner teilen und dementsprechend mehrere Benutzerkonten existieren, müssen Sie nach jedem Start auf Ihren Benutzernamen klicken

und das persönliche Windows-Kennwort eingeben.

Falls der Rechner nur selten von anderen benutzt wird, können Sie den Windows-Start beschleunigen, indem Sie die Anmeldung automatisieren. Mit folgendem Trick lässt sich Windows 7 so einstellen, dass der Rechner ohne Passwortabfrage durchstartet.

1 Klicken Sie als Erstes auf

,

und geben Sie ins Suchfeld

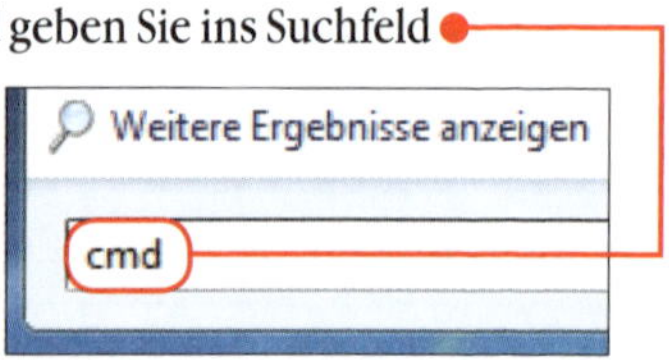

ein. Um die Eingabeaufforderung im Administratormodus zu starten, drücken Sie dann die Tastenkombination [Strg] + [⇧]

+ ⏎. Die Sicherheitswarnung bestätigen Sie mit einem Klick auf

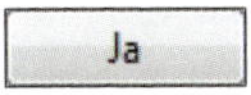

.

2 Anschließend geben Sie den Befehl

`control userpasswords2`

ein und drücken die Taste ⏎. Im nachfolgenden Fenster markieren Sie den Benutzer, der automatisch angemeldet werden soll, im Beispiel ●.

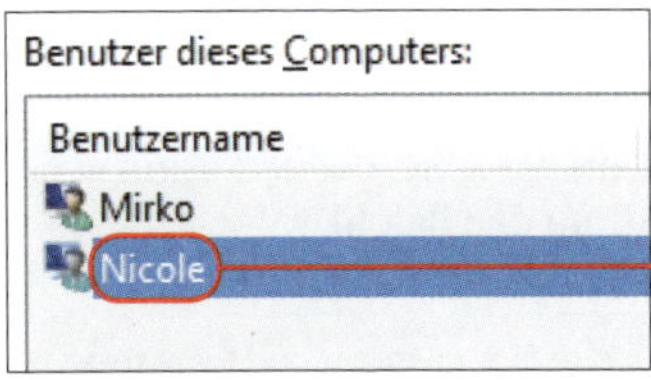

Per Mausklick entfernen Sie danach noch das Häkchen vor ●.

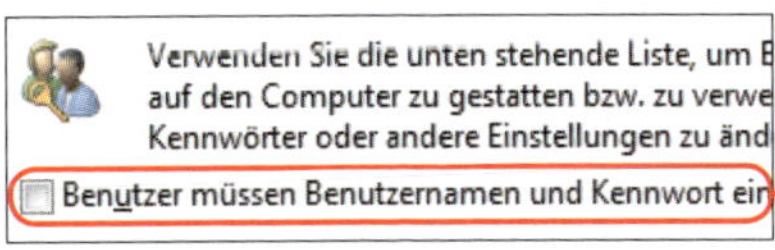

3 Nachdem Sie zur Bestätigung auf die Schaltfläche

geklickt haben, geben Sie zur Sicherheit zweimal das Kennwort des betreffenden Benutzers ein ●

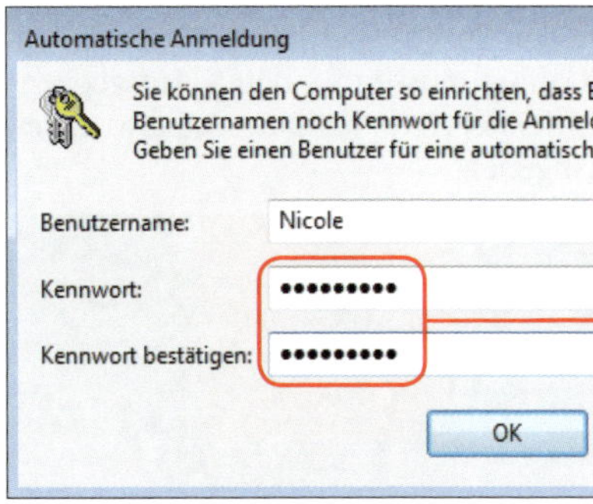

und klicken dann ein weiteres Mal auf

.

Das war's: Wenn Sie den Rechner das nächste Mal einschalten, startet Windows ohne Kennwortabfrage durch.

Keine erneute Passwortabfrage beim Bildschirmschoner

Wer den Rechner eine Weile nicht nutzt, kann ihn mit je einem Klick auf

sowie auf das Dreieck neben „Herunterfahren" ●

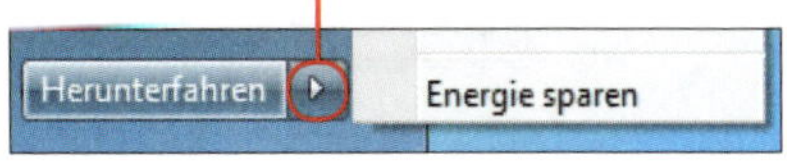

und dann auf den Befehl

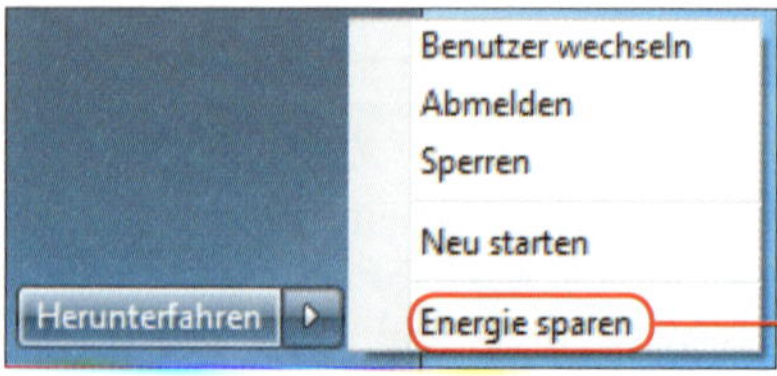

in den Energiesparmodus versetzen. Allerdings müssen Sie beim „Aufwecken" in der Regel das Windows-Kennwort neu eingeben.

Das lässt sich ändern.

1 Damit Windows beim Aufwachen aus dem Energiesparmodus nicht erneut nach dem Kennwort fragt, müssen Sie zunächst auf

klicken und dann ins Suchfeld

eintippen. Danach folgt oben im Startmenü ein Klick auf den Eintrag

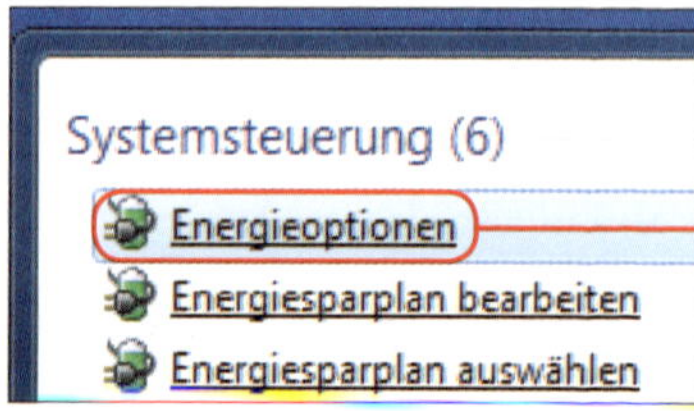

2 Klicken Sie dann in der linken Spalte auf

und auf der Seite, die daraufhin geöffnet wird, auf den Befehl

.

3 Anschließend markieren Sie per Mausklick die Option

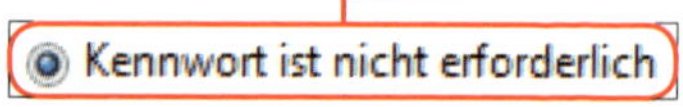

und bestätigen die Änderung mit einem Klick auf

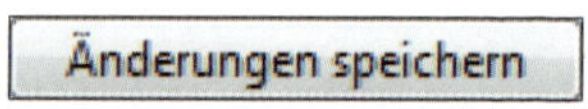

.

Um das Fenster zu schließen, genügt der übliche Klick auf

.

Ab sofort verzichtet Windows beim Aufwachen aus dem Energiesparmodus auf die erneute Passwortabfrage.

Vorschau in der Startleiste beschleunigen

Wenn Sie mit der Maus auf ein Programmsymbol in der Startleiste zeigen (nicht klicken), etwa hierhin ●, zeigt Windows nach wenigen Augenblicken eine Vorschau des Programmfensters, hier ●.

Eine praktische Sache. Allerdings dauert es rund eine halbe Sekunde, bis das Vorschaubild erscheint. Mit einem Trick lässt sich die Wartezeit verkürzen oder komplett abschalten.

1 Drücken Sie die Tastenkombination [⊞] + [R], geben Sie den Befehl ●

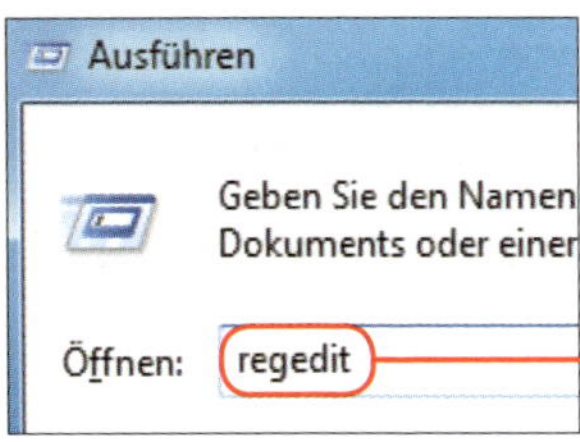

ein, und klicken Sie auf die Schaltfläche

sowie zur Bestätigung auf

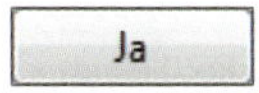

.

2 Im Fenster, das nun angezeigt wird, klicken Sie in der linken Fensterhälfte jeweils doppelt auf ●,

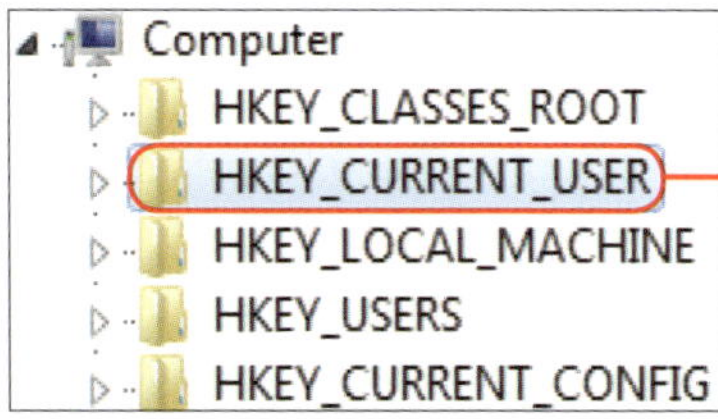

und

.

3 Anschließend klicken Sie in der rechten Fensterhälfte doppelt auf

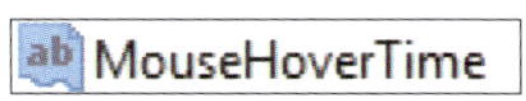

.

Hier ist standardmäßig eine Wartezeit von ●

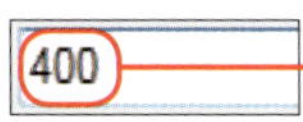

Millisekunden eingetragen. Um die Vorschau ohne Verzögerung anzuzeigen, tragen Sie den Wert ●

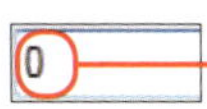

ein und bestätigen Ihre Eingabe per Klick auf

.

Schließen Sie das Fenster wie gewohnt über die Schaltfläche

.

Die Änderung wirkt sich nicht sofort, sondern erst nach einem Neustart aus.

Vorschaufenster schneller schließen

Sobald Sie mehrere Fenster eines Programms geöffnet haben, zum Beispiel mehrere Internet-Explorer-Fenster, erscheint in der Startleiste für jedes Fenster eine eigene Vorschau.

Mit folgendem Trick lassen sich die Fenster besonders schnell schließen:

1 Um eines der Vorschaufenster (und damit auch das dazugehörige Programmfenster) zu schließen, müssen Sie normalerweise auf das kleine Symbol ● in der oberen Ecke klicken. Das winzige Symbol im Vorschaufenster auf Anhieb zu treffen, ist aber gar nicht so einfach.

2 Ohne groß zu zielen lässt sich ein Vorschaufenster schließen, indem Sie mit der *mittleren* Maustaste (der Mausradtaste) auf das Vorschaufenster klicken, etwa hier ●.

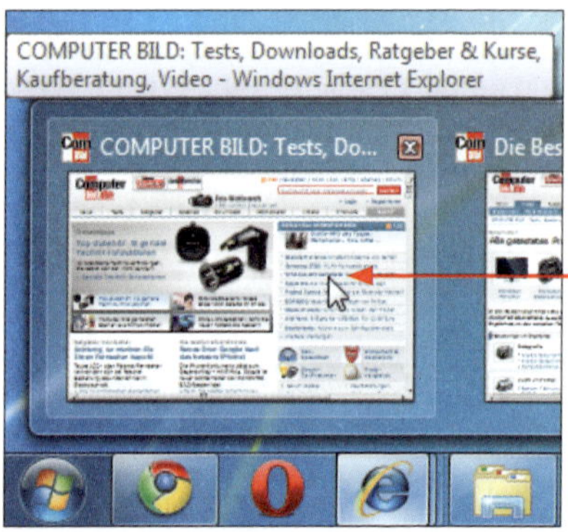

Damit wird das dazugehörige Programmfenster ebenfalls geschlossen.

3 Wenn Sie alle Fenster eines Programms schließen möchten, klicken Sie mit der *rechten* Maustaste auf das dazugehörige Startleistensymbol, zum Beispiel des Internet Explorers ●,

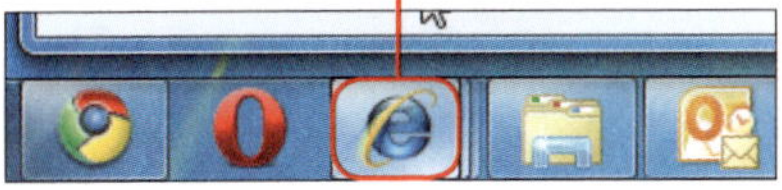

und dann auf den Befehl ●.

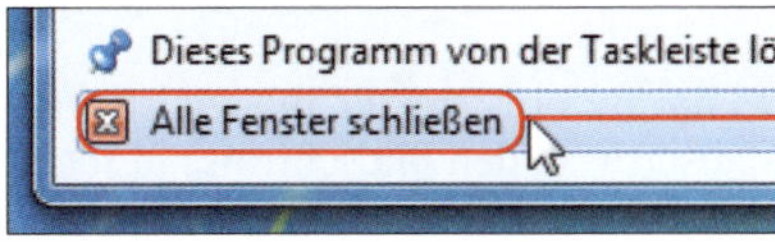

Nicht benötigte Fenster auf die Startleiste verkleinern

Oft wimmelt es auf der Arbeitsoberfläche von Programmfenstern. Um aufzuräumen, können Sie mit einem Trick alle Fenster bis auf das derzeit aktive auf die Startleiste verkleinern. Sie haben die Wahl zwischen der Maus- und der Tastaturmethode.

1 Am einfachsten räumen Sie die Fensterflut mit der Maus auf. Wenn Sie alle Fenster bis auf eines verkleinern möchten, können Sie es freischütteln. Klicken Sie auf die Titelleiste des Fensters, das geöffnet bleiben soll, etwa hierhin ●.

Halten Sie die Maustaste gedrückt, und schütteln Sie das Fenster mit weiterhin gedrückter Maustaste kurz nach rechts und links.

Bis auf das geschüttelte verbannt Windows daraufhin alle anderen Fenster in die Startleiste.

2 Den Effekt können Sie auch wieder rückgängig machen, indem Sie das Fenster auf die gleiche Weise noch einmal schütteln. Daraufhin öffnet Windows die zuvor geschlossenen Fenster erneut.

3 Das Verkleinern aller anderen Fenster erreichen Sie auch per Tastatur. Zuerst klicken Sie einmal in das Fenster, das geöffnet bleiben soll. Danach drücken Sie die Tastenkombination ⊞ + Pos1. Alle anderen Fenster werden dann verkleinert. Wenn Sie erneut ⊞ + Pos1 drücken, erscheint wieder die ursprüngliche Fensterkonfiguration.

Fenster schneller vergrößern

Wenn Sie ein Fenster mit gedrückter Maustaste an den Bildschirmrand schieben, wird es automatisch auf die rechte oder linke Bildschirmhälfte vergrößert (siehe dazu auch den Tipp auf Seite 19). Das funktioniert nicht nur mit der Maus, sondern auch per Tastatur.

1 Um das Fenster auf die linke oder rechte Bildschirmhälfte zu vergrößern, klicken Sie zuerst auf die Titelzeile ●

des jeweiligen Fensters und drücken dann die Tastenkombination [⊞] + [←] beziehungsweise [⊞] + [→].

2 Um das Fenster bei Bedarf auf die komplette Bildschirmgröße zu vergrößern, drücken Sie die Tastenkombination [⊞] + [↑]. Die Tastenkombination [⊞] + [↓] reduziert ein Fenster auf sein Symbol in der Startleiste.

3 Damit die Vergrößerungen wieder rückgängig gemacht werden, drücken Sie bei gedrückter [⊞]-Taste auf den entgegengesetzten Pfeil. Wurde ein Fenster zum Beispiel zuvor mit [⊞] + [→] an den rechten Rand geschoben, bringt [⊞] + [←] es wieder zurück auf die Originalgröße.

Schneller zwischen geöffneten Fenstern wechseln

Falls von einem Programm mehrere Fenster geöffnet sind, zum Beispiel vom Internet Explorer, erscheinen die Fenster in der Startleiste als Stapel ●.

Das spart Platz. Der Nachteil: Um zu einem der gestapelten Fenster zu gelangen, müssen Sie zuerst auf das Stapelsymbol

und dann auf das gewünschte Fenster klicken, zum Beispiel auf ●.

1 Blitzschnell geht es, wenn Sie die [Strg]-Taste gedrückt halten. Dann klicken Sie - mit weiterhin gedrückter [Strg]-Taste - mehrfach hintereinander auf das Programmsymbol in der Startleiste, etwa auf ●.

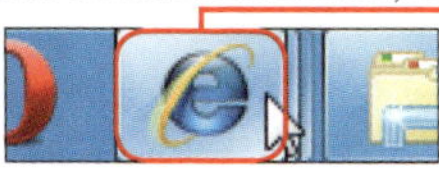

2 Mit jedem Mausklick öffnet sich das nächste Fenster aus dem Stapel. Sobald das gewünschte Fenster geöffnet ist, können Sie die [Strg]-Taste wieder loslassen.

Per Tastatur durch Symbole in der Startleiste blättern

Je mehr Programme gestartet sind, umso voller wird's auf der Startleiste. Das macht nichts, da Sie per Mausklick auf die Startleistensymbole wie ●

rasch durch die aktiven Programme blättern. Noch schneller geht's mit einer geheimen Tastenkombination:

1 Um ohne Maus durch die Programme auf der Startleiste zu blättern, drücken Sie die Tastenkombination [⊞] + [T]. Windows markiert das erste Symbol in der Startleiste und öffnet das Vorschaufenster des jeweiligen Programms.

2 Jetzt können Sie mit den Pfeiltasten [→] und [←] blitzschnell durch die Startleistensymbole blättern. Bei gestarteten Programmen (erkennbar am Rahmen um das Startleistensymbol) erscheint eine Vorschau, hier ●,

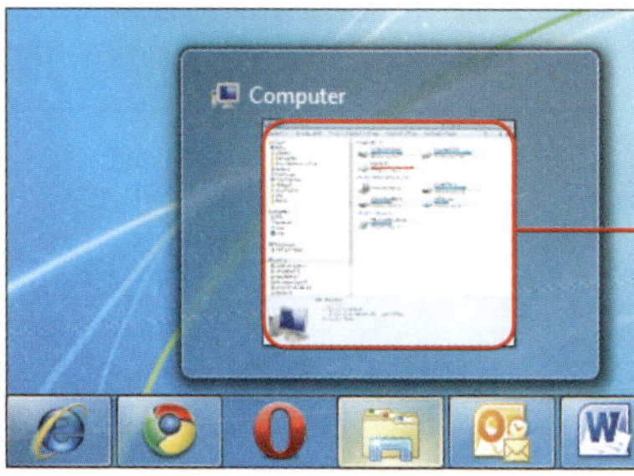

bei noch nicht gestarteten Programmen (ohne Rahmen) wird das Symbol mit einem hellblauen Punkt unterlegt: ●.

3 Um zum jeweiligen Fenster zu wechseln beziehungsweise das Programm zu starten, drücken Sie einfach die [↵]-Taste.

4 Auch wenn mehrere Fenster gestapelt sind (etwa mehrere Internet-Explorer-Fenster), geht's ohne Maus. Mit [↑] wechseln Sie per Tastatur in die Reihe der Vorschaufenster ●

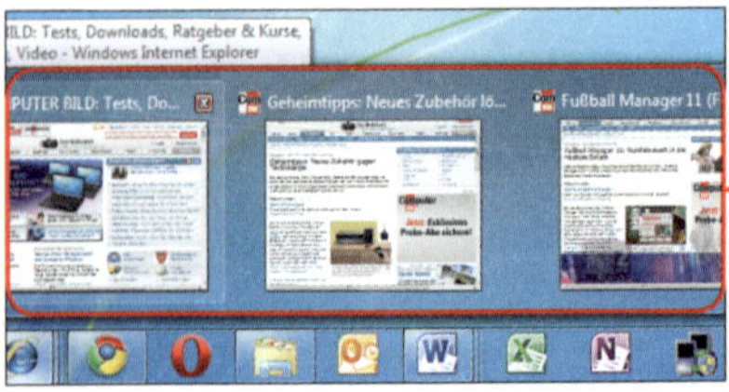

und wählen dann mit [→] oder [←] das gewünschte Fenster aus, zum Beispiel ●.

Auch hier wechselt die Taste [↵] zum jeweiligen Fenster.

5 Möchten Sie doch nicht zu einem Fenster wechseln und die Aktion abbrechen, genügt ein Druck auf die [Esc]-Taste. Die Markierungen beziehungsweise geöffneten Vorschaufenster werden damit deaktiviert.

Blitzschnell neue Programmfenster öffnen

Wenn Sie von einem bereits laufenden Programm ein zweites Fenster öffnen möchten, zum Beispiel ein zweites Internet-Explorer-Fenster, müssen Sie normalerweise das Programmsymbol ● mit der *rechten* Maustaste anklicken und dann auf den Programmnamen klicken, hier ●.

Mit einem Trick geht's schneller:

1 Um blitzschnell ein zweites Programmfenster zu öffnen, drücken Sie die [⇧]-Taste, halten sie gedrückt und klicken dann auf das Symbol in der Startleiste, etwa auf ●.

2 Noch einfacher geht's, wenn Sie mit der mittleren Maustaste (der Mausradtaste) auf das Symbol klicken.

3 Windows 7 richtig absichern

Windows 7 ist sicherer als frühere Windows-Versionen wie Windows Vista oder XP. Dafür sorgen die Sicherheitsfunktionen des Betriebssystems sowie das Sicherheitscenter - vorausgesetzt, die Schutzprogramme sind richtig konfiguriert. Darum geht es in diesem Kapitel. Besonders wichtig ist die Installation und Einrichtung eines Virenschutzprogramms; denn genau diese wichtige Schutzfunktion fehlt bei Windows 7. Doch keine Sorge, mit wenigen Handgriffen machen Sie Ihr Windows so sicher wie Fort Knox. Das gilt auch für **USB**-Speicherstifte, die sich unknackbar verschlüsseln lassen. Geht der Speicherstift verloren, kann niemand außer Ihnen die darauf gesicherten Daten auslesen.

Im dritten Kapitel dieses Buches erfahren Sie,
- wie Sie die Benutzerkontensteuerung anpassen,
- wie das wichtige Virenschutzprogramm nachgerüstet wird,
- wie Sie Sicherheitskopien Ihrer Daten anlegen,
- wie die nervigen Aufforderungen zum Neustart nach Aktualisierungen abgeschaltet werden
- und wie Sie den Inhalt von USB-Laufwerken verschlüsseln.

Kapitel-Wegweiser

Die Benutzerkontensteuerung verstärken

Damit wichtige Systemeinstellungen nicht unbemerkt manipuliert werden können, verhindert die **Benutzerkontensteuerung** unerwünschte Änderungen. Sobald ein Programm eine Aktion durchführen möchte, die Windows 7 als potenziell gefährlichen Eingriff in das System betrachtet, erscheint ein Warnhinweis.

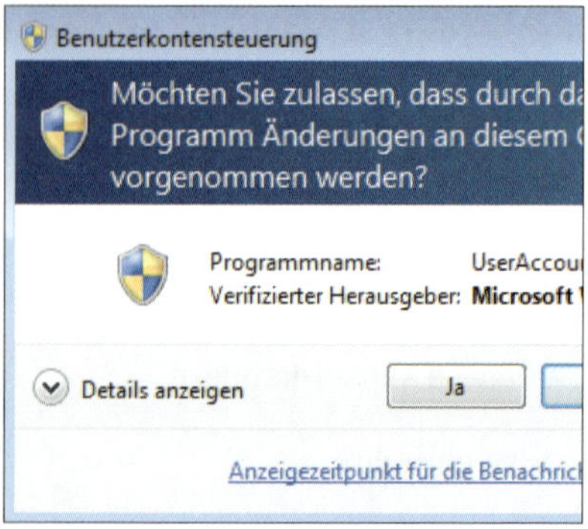

Im Vergleich zum Vorgänger Windows Vista taucht die Warnung bei Windows 7 aber wesentlich seltener auf - allerdings auf Kosten der Sicherheit. Denn nur wenn im Hintergrund und unbemerkt Änderungen von Programmen vorgenommen werden, tritt die Benutzerkontensteuerung in Aktion. Falls Sie auf Nummer sicher gehen möchten, können Sie wieder zur „schärferen" und sichereren Einstellung wie beim Vorgänger Windows Vista zurückkehren.

1 Um die Benutzerkontensteuerung wieder auf die höchste Stufe zu setzen, klicken Sie als Erstes auf

,

geben dann ins Suchfeld des Startmenüs den Begriff

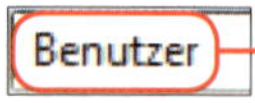

ein und klicken schließlich oben im Startmenü auf .

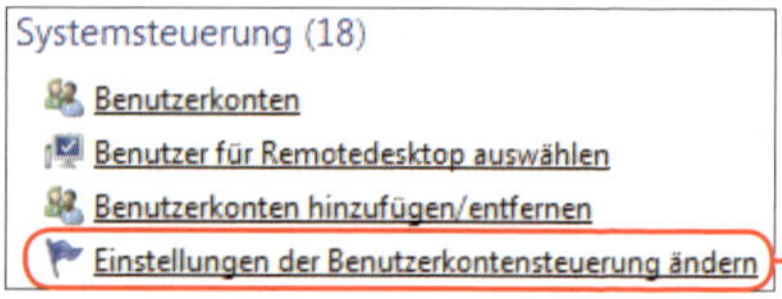

2 Im Fenster, das sich daraufhin öffnet, klicken Sie auf den Schieberegler ,

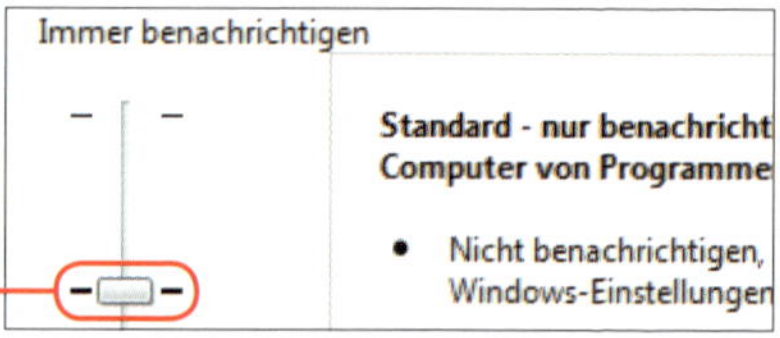

halten die Maustaste gedrückt und ziehen den Regler mit weiterhin gedrückter Maustaste ganz nach oben: .

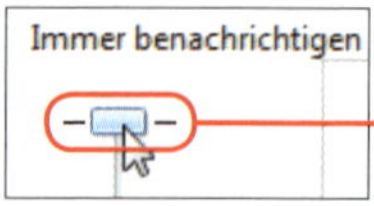

Das ist die höchste Sicherheitsstufe der

Benutzerkontensteuerung. Bestätigen Sie die Änderung per Klick auf

und die Sicherheitsabfrage mit

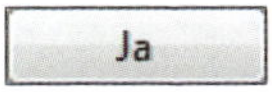

.

3 Sobald Sie (oder ein anderer Benutzer) Änderungen am System vornehmen möchten, erscheint sofort die Warnmeldung der Benutzerkontensteuerung. Bei welchen Aktionen die Benutzerkontensteuerung eingreift, erkennen Sie übrigens am Symbol

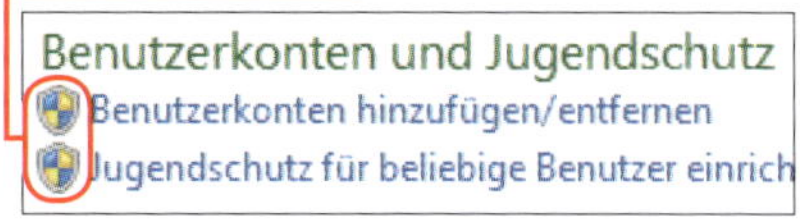

vor den jeweiligen Befehlen.

Kostenlosen Virenscanner für Windows 7 nachrüsten

Die **Firewall** gehört zur Standardausstattung von Windows. Doch eines scheint Microsoft vergessen zu haben: ein Schutzprogramm gegen **Viren**, **Trojaner** und andere Schädlinge. Das lässt sich im Handumdrehen nachrüsten.

1 Solange kein Schutzprogramm gegen Viren installiert ist, erscheint unten rechts in der Startleiste ein Fähnchen mit einem Kreuz.

Klicken Sie darauf und im anschließend sich öffnenden Menü auf den Befehl.

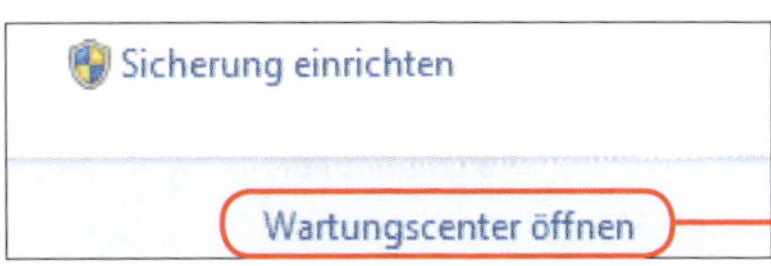

Im Wartungscenter sehen Sie sofort, dass Handlungsbedarf besteht:.

2 Microsoft bietet kostenlos ein eigenes gutes Schutzprogramm namens „Microsoft Security Essentials" an. Wie andere Programme der Essentials können Sie auch dieses von der Microsoft-Internetseite laden. Um es nachträglich zu installieren, klicken Sie auf die Schaltfläche

.

Danach folgt ein Mausklick in der rechten Spalte auf

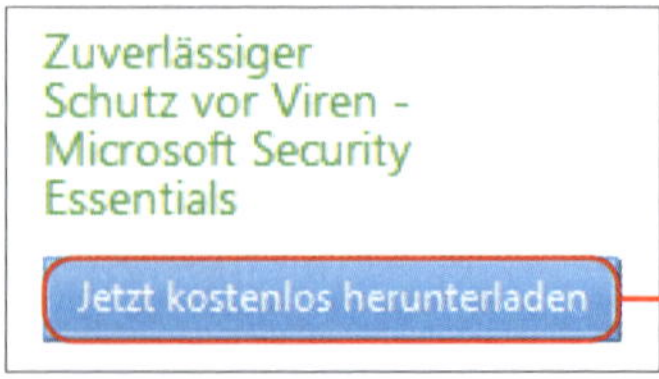

und anschließend auf

.

3 Die Sicherheitswarnung bestätigen Sie mit einem Klick auf .

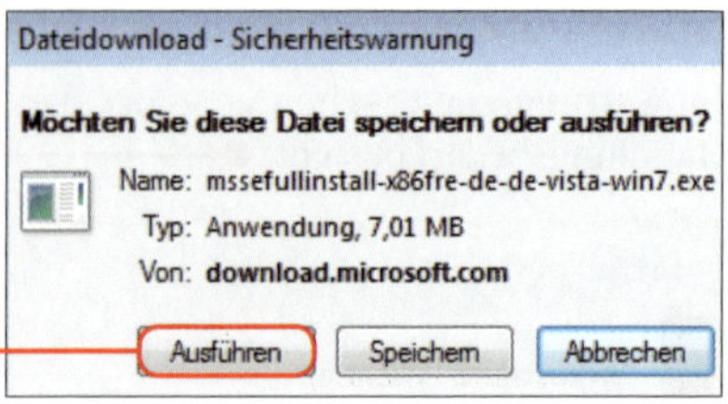

Daraufhin wird das Sicherheitsprogramm aus dem Internet heruntergeladen. Sobald der Ladevorgang abgeschlossen ist, klicken Sie auf .

Nun beginnt die Installation des Sicherheitsprogramms mithilfe eines Assistenten. Klicken Sie in den verschiedenen Fenstern nacheinander auf

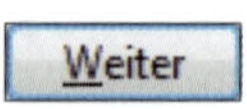

,

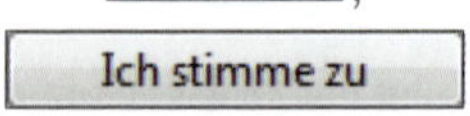

sowie auf

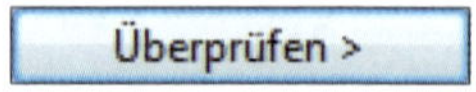

.

4 Damit die Installation endgültig startet, müssen Sie danach noch auf

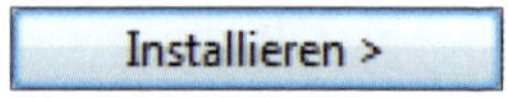

klicken. Zum Schluss folgt ein Klick auf . Wenn in dem Kontrollkästchen

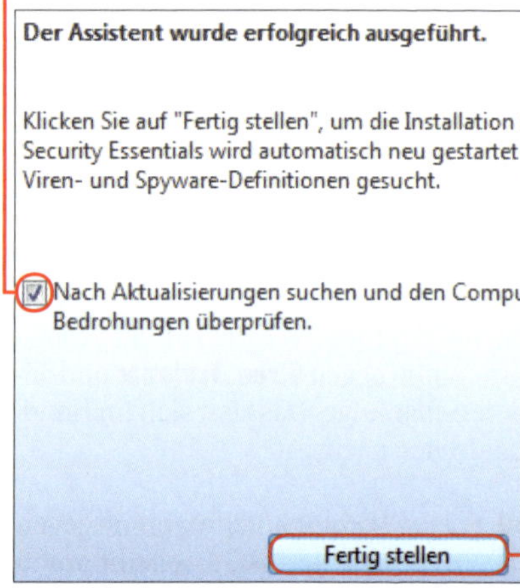

der Haken stehen bleibt, nimmt das Sicherheitsprogramm im Anschluss an die Installation den Rechner gleich unter die Lupe und sucht nach eventuell bereits installierten Schadprogrammen. Hierzu öffnet sich das Programmfenster der Microsoft Security Essentials, in dem Sie auf

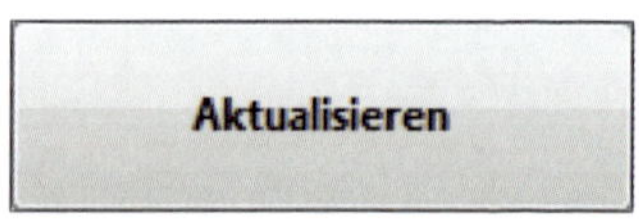

klicken, damit die neuesten Signaturen (Erkennungsmerkmale der Schadprogramme) heruntergeladen werden.

5 Sobald die Installation, die Aktualisierung und der erste Prüfvorgang abgeschlossen sind, ist Ihr Rechner auch gegen Viren, Trojaner und ähnliche Schadprogramme geschützt. Das Programm sorgt im Hintergrund automatisch dafür, dass es stets aktuell bleibt und der Rechner nicht von Schadprogrammen befallen wird. Dass alles in Ordnung ist, erkennen Sie in der Startleiste an dem grünen Symbol ●.

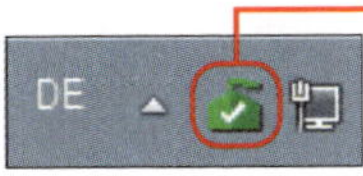

Möchten Sie zwischendurch eine manuelle Überprüfung vornehmen, klicken Sie darauf und dann auf ●.

6 Anschließend reicht ein Mausklick auf die Schaltfläche ●.

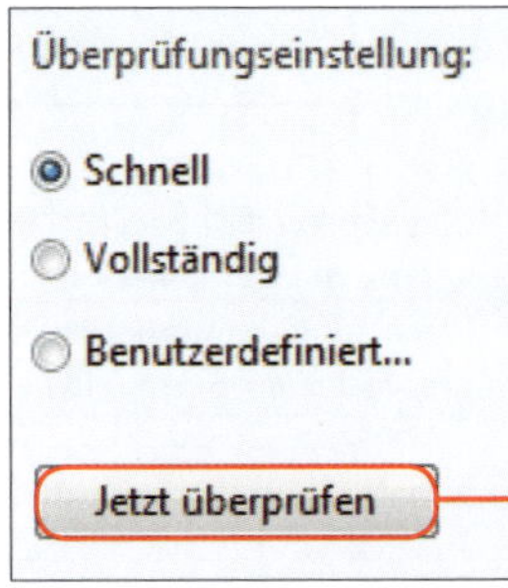

Der manuelle Prüfvorgang ist aber kaum notwendig, da das Programm einmal pro Woche eine Komplettüberprüfung vornimmt und dank des

im laufenden Betrieb allen Programmen auf die Finger schaut. Beim „Echtzeitschutz" läuft das Virenschutzprogramm, während Sie mit Windows arbeiten, im Hintergrund und kontrolliert alle Dateien auf gefährliche Inhalte.

Wichtige Daten automatisch sichern

Damit im Falle eines Festplattenausfalls nicht alle Daten verloren sind, sollten Sie die wichtigsten Daten extern sichern, beispielsweise auf eine USB-Festplatte. Sie müssen Windows nur mitteilen, was wann und in welchem Rhythmus gesichert werden soll. Den Rest erledigt Windows 7.

1 Um die eigenen Daten zu sichern, schließen Sie zunächst eine externe USB-Festplatte an. Dann klicken Sie auf

sowie auf

.

Nachdem Sie in der geöffneten Systemsteuerung auf ●.

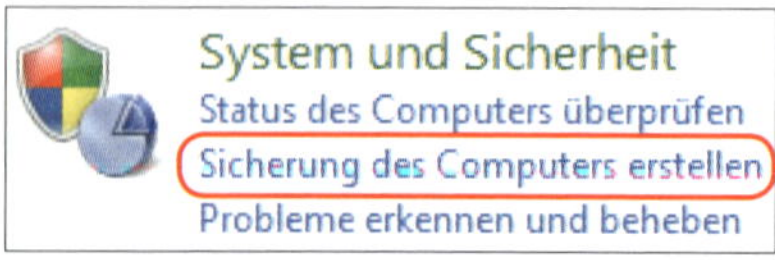

und im nächsten Fenster auf den Eintrag

geklickt haben, müssen Sie die obligatorische Sicherheitsabfrage mit einem Klick auf

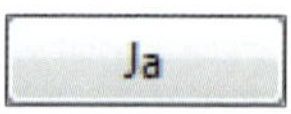

beantworten.

2 Als Nächstes wählen Sie per Mausklick die angestöpselte externe Festplatte aus, im Beispiel ●,

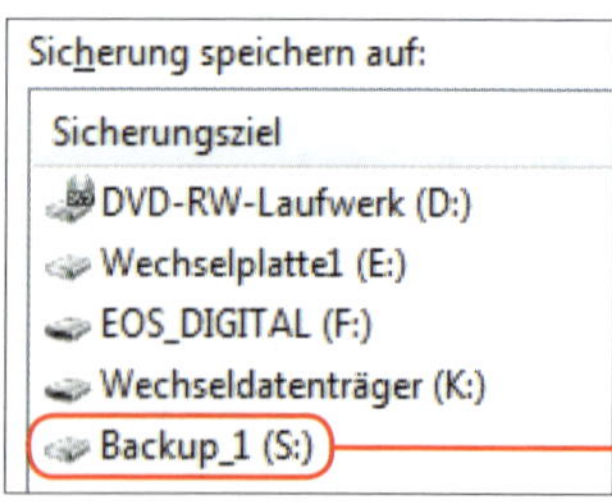

und bestätigen Ihre Entscheidung mit einem Klick auf

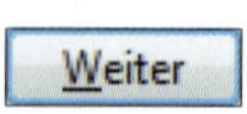

.

Im Fenster, das daraufhin erscheint, klicken Sie auf ●

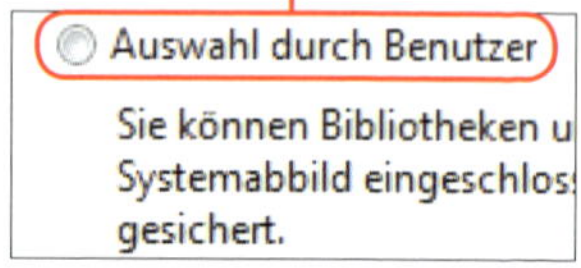

und dann erneut auf

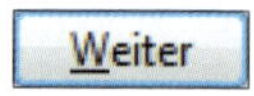

.

3 Jetzt können Sie bestimmen, welche Dateien und Ordner gesichert werden sollen. Standardmäßig schließt Windows 7 die **Bibliotheken** aller Benutzerkonten in die Sicherung ein. Achten Sie darauf, dass Ihre eigene Bibliothek mit einem Häkchen versehen ist, im Beispiel ●.

Falls Sie nicht alle Dateien aus der Bibliothek sichern wollen, klicken Sie vor dem Eintrag auf das kleine Dreieck ●

und anschließend in das Kästchen vor der Bibliothek, die nicht gesichert werden soll, etwa ●.

4 Sie können aber auch zusätzliche Ordner mit in die Sicherung einschließen, indem Sie im Bereich

den jeweiligen Ordner markieren beziehungsweise im dazugehörigen Kästchen ein Häkchen setzen, etwa ●.

Bevor Sie fortfahren, entfernen Sie per Mausklick auf ●

das Häkchen und klicken dann auf

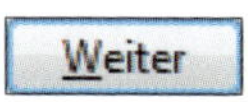

.

5 Ob und wann die Dateien regelmäßig gesichert werden sollen, entscheiden Sie nach einem Klick auf

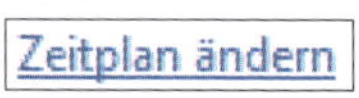

.

Wenn die Sicherung zum Beispiel jeden Mittwoch erfolgen soll, öffnen Sie per Mausklick auf ● eine Liste und wählen darin den Eintrag ●.

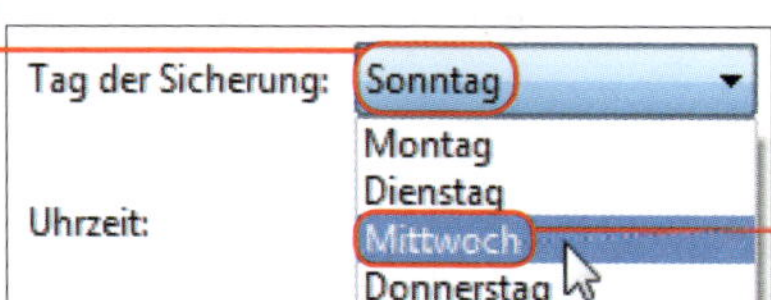

Analog dazu können Sie die Uhrzeit festlegen. Klicken Sie dazu als Erstes auf

und danach auf die gewünschte Uhrzeit, etwa

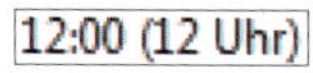

.

6 Wenn Sie anschließend auf die Schaltfläche

sowie auf den Befehl

geklickt haben, sichert Windows direkt und danach im angegebenen Rhythmus automatisch die ausgewählten Dateien.

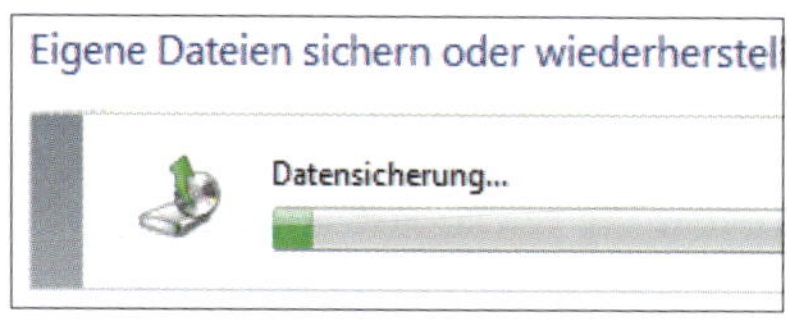

Dass zurzeit Daten gesichert werden, erkennen Sie in der Startleiste zusätzlich am Symbol ●.

7 Die gesicherten Dateien und Ordner können Sie jederzeit wiederherstellen. Wiederholen Sie dazu Schritt 1, und klicken Sie dann auf

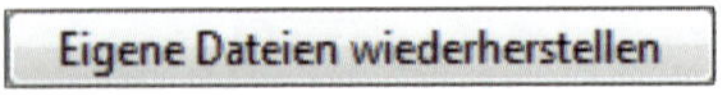

sowie auf den Befehl

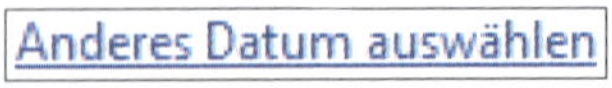

.

Im nachfolgenden Fenster wählen Sie die zuletzt durchgeführte Sicherung aus, beispielsweise ●,

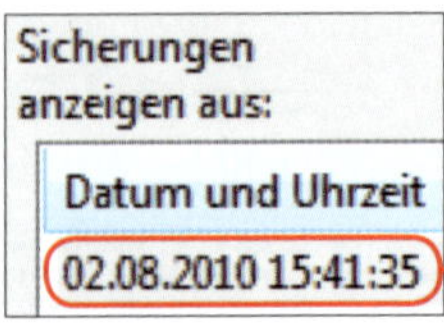

und klicken anschließend auf die Schaltfläche

.

8 Um eine bestimmte Datei oder einen bestimmten Ordner wiederherzustellen, klicken Sie auf

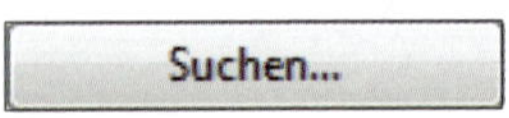

und geben einen Teil des Datei- oder Ordnernamens ein, im Beispiel ●.

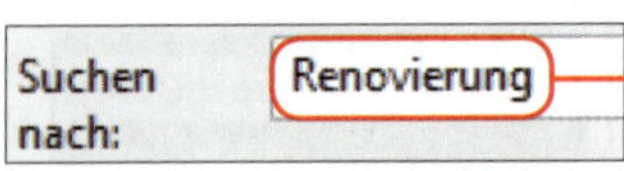

Danach markieren Sie die Dateien oder Ordner, die wiederhergestellt werden sollen. Dazu setzen Sie per Mausklick ein Häkchen in die dazugehörigen Kästchen, im Beispielfall hier ●,

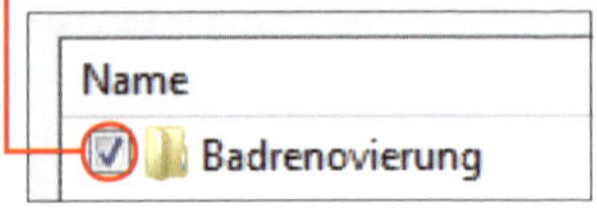

und klicken zur Bestätigung auf

.

9 Wenn Sie im Fenster, das als Nächstes erscheint, einfach auf die Schaltfläche

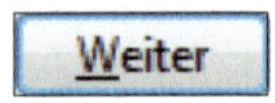

und danach auf

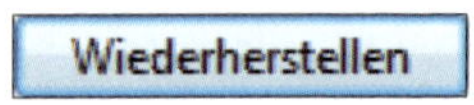

klicken, beginnt Windows mit der Wiederherstellung. Jetzt haben Sie drei Möglichkeiten:

- Sie können die Ursprungsdateien durch die Dateien der Sicherung ersetzen, indem Sie für jede Datei separat auf ●

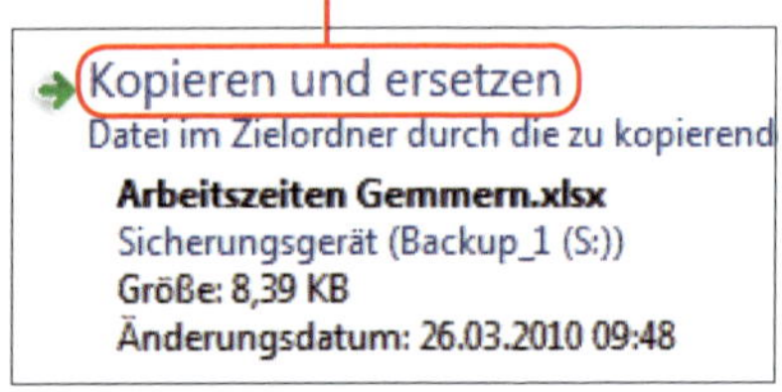

klicken.

- Sollen bestimmte Dateien aus der Sicherung nicht wiederhergestellt werden, klicken Sie bei der entsprechenden Abfrage auf .

■ Und falls ausnahmslos alle Dateien (also nicht nur einzelne) überschrieben werden sollen, setzen Sie ein Häkchen in das Kästchen

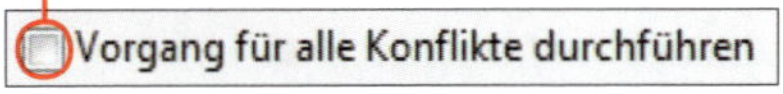

und klicken anschließend auf

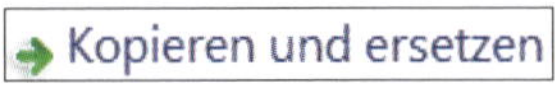

.

Neustart-Aufforderung nach Updates zeitweise abstellen

Die **Update**-Funktion von Windows 7 ist wichtig, damit der Rechner immer auf dem neuesten Stand ist und Sicherheitsaktualisierungen automatisch und so schnell wie möglich installiert werden. Mitunter geht das Windows-Update aber einen Schritt zu weit. Und zwar dann, wenn Windows den Rechner unbedingt neu starten möchte - egal, ob Sie gerade an wichtigen Dateien arbeiten oder nicht. In einem kleinen Fenster werden Sie dann darauf hingewiesen, dass der Rechner demnächst neu gestartet wird. Per Mausklick auf

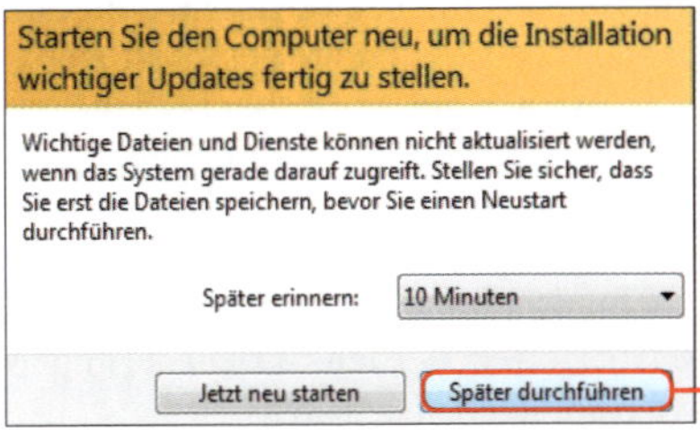

können Sie den Neustart hinauszögern, aber nicht verhindern, dass das Erinnerungsfenster immer wieder erscheint. So lässt sich die Neustart-Aufforderung jedoch abschalten:

1 Wenn die erwähnte Sicherheitswarnung erscheint, klicken Sie als Erstes auf die Schaltfläche

.

2 Um nicht weiterhin von der Aufforderung zum Neustart belästigt zu werden, klicken Sie anschließend auf

und geben den Befehl ein.

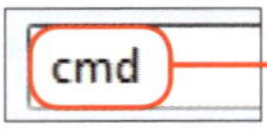

Danach klicken Sie oben im geöffneten Startmenü mit der *rechten* Maustaste auf

und dann auf den Befehl ●.

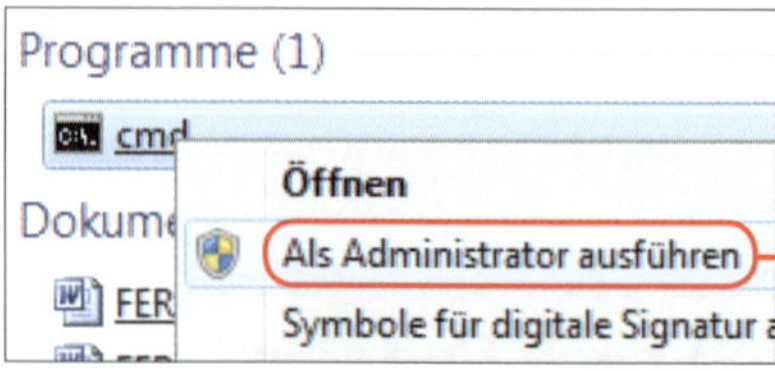

Bestätigen Sie die Sicherheitswarnung per Klick auf die Schaltfläche

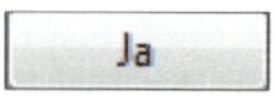

.

3 Nun können Sie dafür sorgen, dass Sie in Ruhe gelassen werden: Geben Sie den Befehl

```
net stop "windows update"
```

ein, und drücken Sie die [↵]-Taste. Die Meldung ●

liefert Ihnen die Bestätigung, dass die Update-Funktion von Windows kurzzeitig ausgeschaltet wurde. Das bedeutet auch: Die nervige Aufforderung zum Neustart erscheint nicht mehr. Erst beim nächsten manuellen Rechnerstart ist wieder alles beim Alten, und die Windows-Update-Funktion ist wieder aktiv. Das ist auch gut so, damit der Rechner weiterhin mit Updates versorgt wird.

Automatischen Neustart nach Updates ganz abschalten

Bei dem Trick, den Sie soeben kennengelernt haben, wird die Update-Funktion nur zeitweise ausgeschaltet, damit die Neustart-Aufforderung zumindest während der aktuellen Sitzung nicht mehr erscheint. Wenn Windows jedoch neu gestartet wird und erneut wichtige Aktualisierungen anstehen, tritt die Warnmeldung wieder auf. Der automatische Zwangsstart ist nicht nur nervig, sondern kann durchaus problematisch sein - zum Beispiel dann, wenn Sie gar nicht damit rechnen und daher noch ungesicherte Dateien geöffnet haben, etwa während der Mittagspause. Der Rat, niemals den Rechner zu verlassen, ohne alle geöffneten Dokumente gesichert zu haben, ist zwar gut, wird aber beinahe nie durchgängig befolgt. Wer daher sicherstellen möchte, dass Windows nach Aktualisierungen nicht ohne Weiteres den Rechner neu startet, kann den Zwangsstart nach Sicherheitsaktualisierungen auch komplett abschalten.

Vorsicht bei Änderungen in der Systemregistrierung

Wie bereits mehrfach erwähnt, müssen Sie bei Änderungen, die Sie in der Systemregistrierung vornehmen, erhöhte Sicherheit walten lassen, da falsche Einträge das gesamte System blockieren können und sogar eine komplette Neuinstallation von Windows erforderlich machen könnten. Sicherheitshalber sollten Sie vor jedem Eingriff immer eine Sicherung der Systemregistrierung vornehmen (siehe Seite 31).

1 Klicken Sie als Erstes wieder auf

,

geben Sie den Begriff ● regedit ein, und drücken Sie die Taste ↵. Die nachfolgende Sicherheitsabfrage müssen Sie wie gewohnt mit

Ja

beantworten.

2 Anschließend klicken Sie im Fenster der Systemregistrierung doppelt auf

HKEY_LOCAL_MACHINE,

SOFTWARE,

Microsoft

sowie

Windows.

Klicken Sie dann mit der *rechten* Maustaste auf ●, und wählen Sie im aufklappenden Menü den Eintrag ●

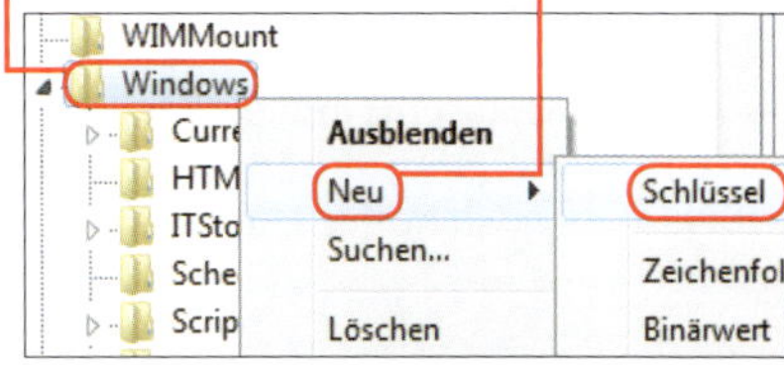

und im Untermenü ●. Überschreiben Sie den Wert ● Neuer Schlüssel #1 mit ●, WindowsUpdate und drücken Sie ↵.

3 Im nächsten Schritt klicken Sie mit der *rechten* Maustaste auf ● und danach erneut auf ●

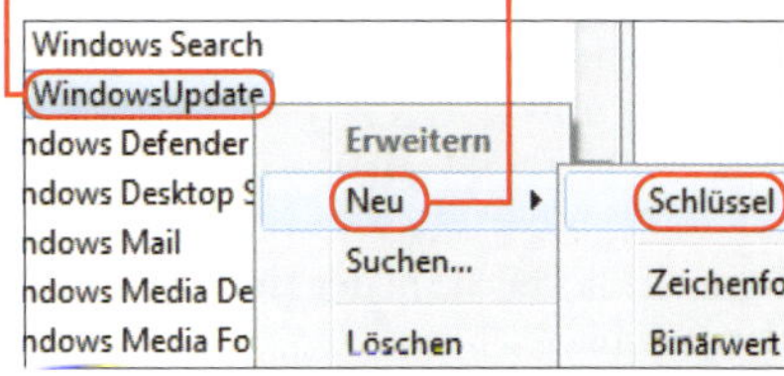

sowie auf ●.

Überschreiben Sie den vorgeschlagenen Namen ●

mit ●.

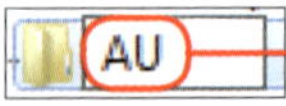

Ganz wichtig: Achten Sie sowohl hier als auch im vorigen Schritt auf die richtige Groß- und Kleinschreibung! Nachdem Sie zur Bestätigung die ↵-Taste gedrückt haben, sieht der komplette Abschnitt so aus:

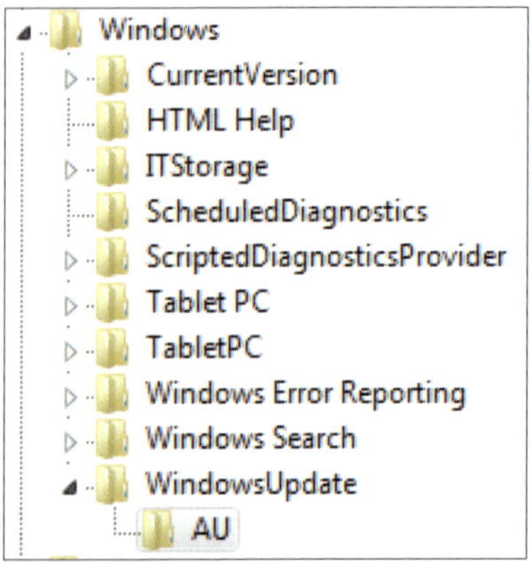

4 Nun markieren Sie per Mausklick den Ordner

.

Danach klicken Sie in der Menüleiste auf den Befehl

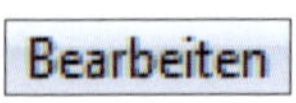

und die Einträge ● sowie ●.

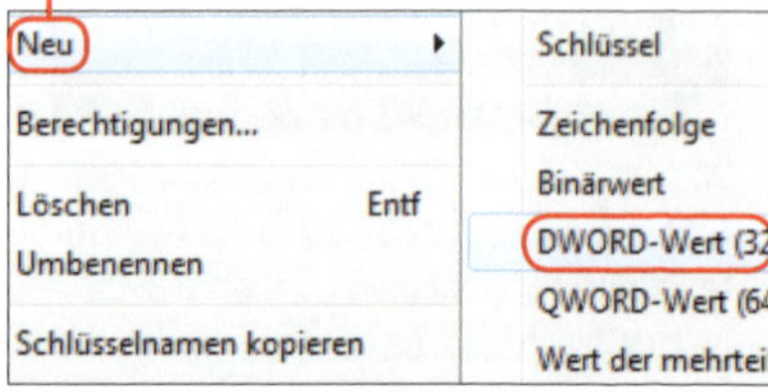

Ersetzen Sie im rechten Teil des Fensters den Namen ●

durch ●,

und bestätigen Sie die Eingabe mit ↵. Achten Sie auch hier auf die korrekte Groß- und Kleinschreibung.

5 Zum Schluss klicken Sie doppelt auf den neuen Eintrag

und geben ins nachfolgende Dialogfenster den neuen Wert ●

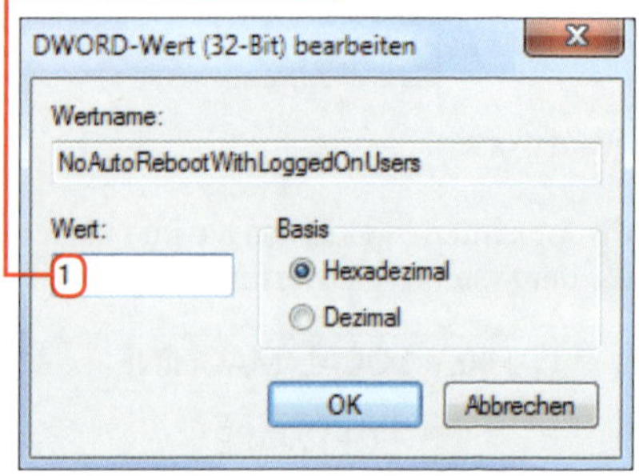

ein. Abschließend genügt je ein Mausklick auf

und dann auf

.

Künftig lädt und installiert Windows zwar weiterhin alle neuen Updates, verzichtet aber auf den Neustart. Um die notwendige Einstellung abzuschließen, müssen Sie den Rechner manuell herunterfahren und neu starten - allerdings können Sie jetzt selbst entscheiden, wann neu gestartet wird.

USB-Laufwerke sicher verschlüsseln

Sie speichern sensible Daten wie private Fotos oder Steuererklärungen auf USB-Sticks? Dann sollten Sie gut auf den mobilen Datenträger aufpassen. Denn geht der Stick verloren, kann der Finder ganz einfach auf die Daten zugreifen. Das können Sie verhindern, indem Sie den USB-Stick mit Windows 7 sicher verschlüsseln.

1 Das Verschlüsseln funktioniert nur mit der Ultimate- und Enterprise-Version von Windows 7. Welche Windows-Version auf Ihrem Rechner installiert ist, erfahren Sie durch Drücken der Tastenkombination ⊞ + Pause. Im oberen Teil des Dialogfensters steht die Bezeichnung der Windows-Version, hier zum Beispiel

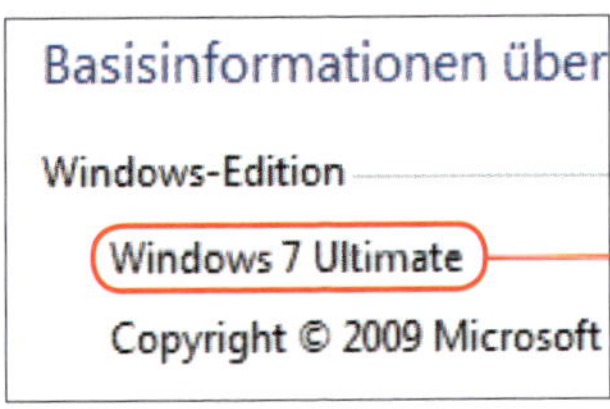

2 Stöpseln Sie den USB-Stick an einen freien USB-Steckplatz. Dann klicken Sie im Explorer mit der *rechten* Maustaste auf das USB-Laufwerk, im Beispiel ,

und wählen den Befehl .

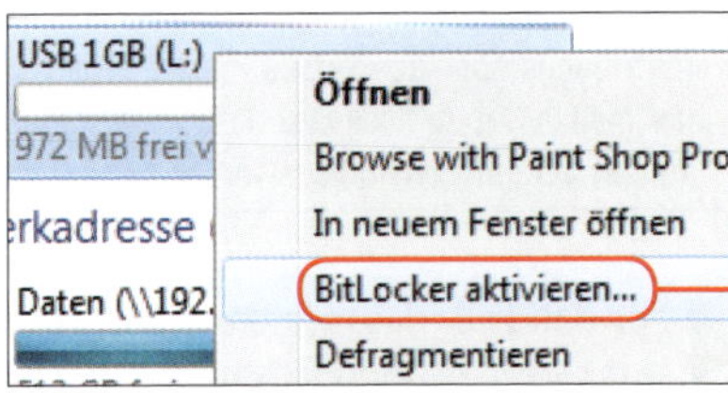

3 Danach setzen Sie per Mausklick einen Haken in das Kästchen

und tippen in die Felder darunter

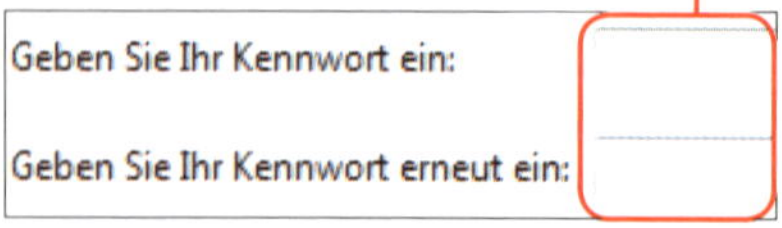

zweimal das gewünschte Verschlüsselungskennwort ein, mit dem die Daten des Sticks geschützt werden sollen. Zum Fortfahren klicken Sie auf

Weiter.

Sichere Kennwörter

Wählen Sie möglichst ein sicheres Kennwort, das nicht in Wörterbüchern steht, sich aber trotzdem leicht merken lässt. Besonders sicher sind Kennwörter, die ausschließlich aus zufällig gewählten Buchstaben und Ziffern bestehen, etwa „M3KhS JuD“. Mit einer Eselsbrücke lässt sich so etwas auch leicht merken. Das obige Beispiel ist zusammengesetzt aus den Anfangsbuchstaben des Satzes „Meine 3 Kinder heißen Sarah, Jörg und Dirk“ – darauf kommt garantiert kein Passwortdieb.

4 Für den Fall, dass Sie das Kennwort vergessen, können Sie einen Wiederherstellungsschlüssel für den Notfall anlegen und per Klick auf

Wiederherstellungsschlüssel drucken

ausdrucken.

BitLocker-Wiederherstellungsschlüssel:
342683-032461-117062-122298-21057

Diesen BitLocker-Wiederherstellungsschlüssel sollten Sie sicher verwahren. Mit den 48 Ziffern lassen sich nämlich die verschlüsselten Daten auf des USB-Speichers wiederherstellen, wenn Sie das Kennwort einmal vergessen haben sollten. Nachdem der Wiederherstellungsschlüssel ausgedruckt wurde, klicken Sie auf

Weiter.

Jetzt brauchen Sie nur noch auf

Verschlüsselung starten

zu klicken, damit der Inhalt des Laufwerks verschlüsselt wird. Das kann je nach Laufwerksgröße einige Minuten dauern.

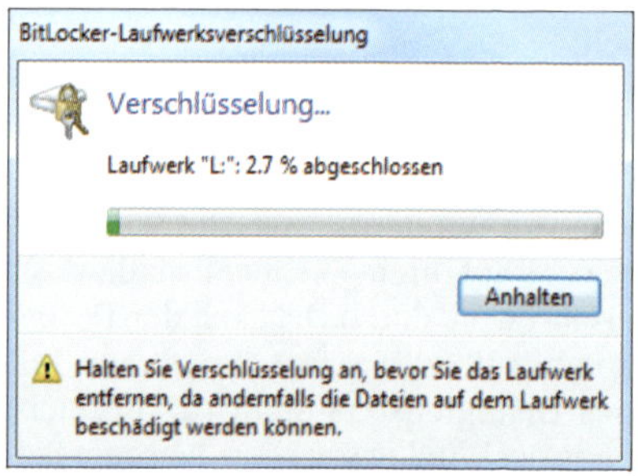

5 An dem Rechner, auf dem Sie die Verschlüsselung des USB-Speichers ursprünglich eingerichtet haben, lässt sich der verschlüsselte USB-Stick ganz normal nutzen. Sie müssen kein Kennwort zum Speichern oder Lesen der Dateien eingeben. Windows übernimmt das Ver- und Entschlüsseln im Hintergrund automatisch. Im Windows-Explorer weist lediglich das Schlosssymbol

daraufhin, dass es sich um ein verschlüsseltes Laufwerk handelt.

6 Wenn Sie den verschlüsselten USB-Stick vom Rechner entfernen und erneut anschließen oder an einen anderen PC anstöpseln, wird nach dem Verschlüsselungskennwort gefragt. Erst nach der Eingabe des Kennworts

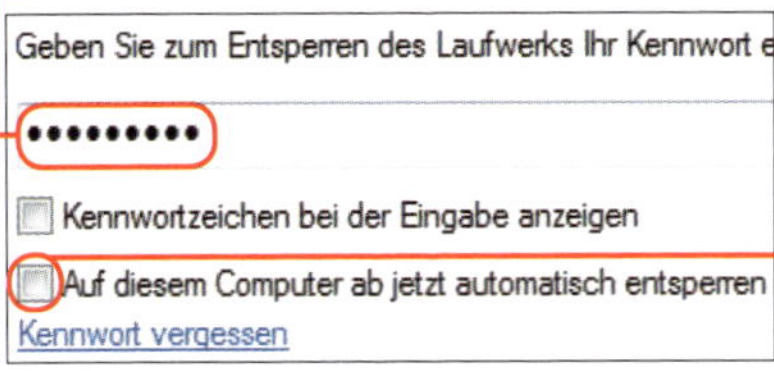

können Sie auf die Daten zugreifen. Falls Sie das Kontrollkästchen ankreuzen, verzichtet Windows bei diesem Rechner und diesem USB-Stick in Zukunft auf die Abfrage.

Um auf die gespeicherten Daten des USB-Speichers zuzugreifen, genügt nun ein Klick auf

.

BitLocker-USB-Speicher entschlüsseln

Wenn Sie das Kennwort einmal vergessen haben sollten, können Sie den verschlüsselten USB-Speicher nach einem Klick auf

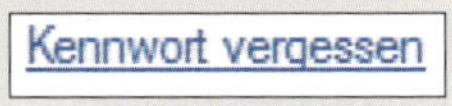

mit dem Wiederherstellungsschlüssel (siehe Seite 66) wieder entschlüsseln.

4 Windows 7 und das Internet

Mit dem Internet Explorer hat Windows 7 gleich das passende Anzeigeprogramm zum bequemen Stöbern im Internet an Bord. Einfach den Internet Explorer starten, die Internetadresse eingeben - und schon kann die Reise durch das Internet beginnen. Die Grundeinstellungen des Internet Explorers reichen für die meisten Internetseiten aus. Es geht aber noch besser. Im Internet Explorer sind viele Einstellungen versteckt, die das Surfen im Internet noch komfortabler und sicherer machen. Man muss nur wissen, wo sie sich befinden …

Im vierten Kapitel dieses Buches erfahren Sie,

- wie Sie beim Stöbern im Internet keine Spuren hinterlassen,
- wie Sie Internetspuren nachträglich beseitigen,
- wie Sie mehrere Internetseiten in einem Rutsch aktualisieren,
- wie Internetseiten auch ohne die Eingabe von „www." und „.de" aufgerufen werden
- und wie Sie die Menüleiste früherer Versionen wieder aktivieren.

Kapitel-Wegweiser

Das lästige Klickgeräusch abstellen

Klick, Klick, Klick: Wenn Sie im Internet Explorer auf eine Verknüpfung zu einer anderen Internetseite klicken oder im Windows-Explorer eine Datei auswählen, ertönt ein Klickgeräusch aus dem Lautsprecher. Das ist überflüssig und auf die Dauer nervig. Zum Glück lässt sich das Klickgeräusch dauerhaft abstellen.

1 Öffnen Sie die **Systemsteuerung**, indem Sie erst auf

und dann auf

klicken. Danach folgen Mausklicks auf den Eintrag

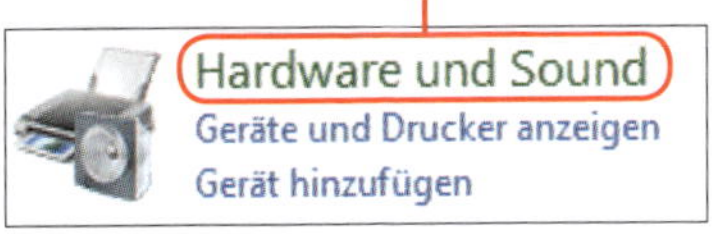

sowie auf den Befehl

.

2 Im Fenster, das daraufhin angezeigt wird, klicken Sie auf den Schieberegler, halten die Maustaste gedrückt und ziehen den Regler mit weiterhin gedrückter Maustaste so weit nach unten, bis Sie den Eintrag

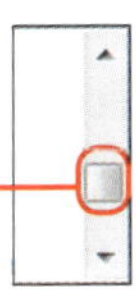

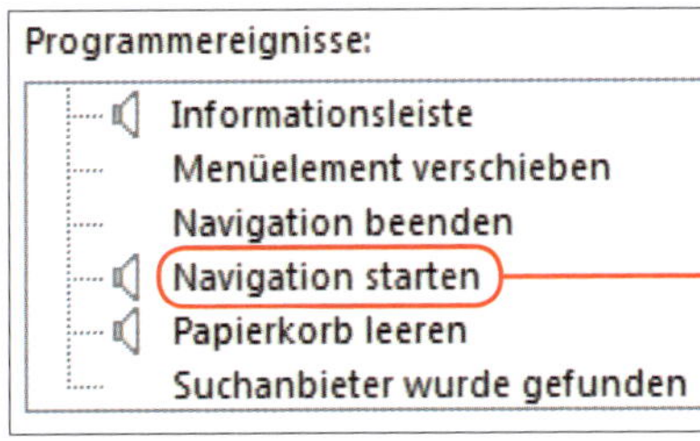

sehen. Markieren Sie ihn wie gewohnt per Mausklick.

3 Anschließend klicken Sie auf und wählen aus der aufklappenden Liste den Eintrag.

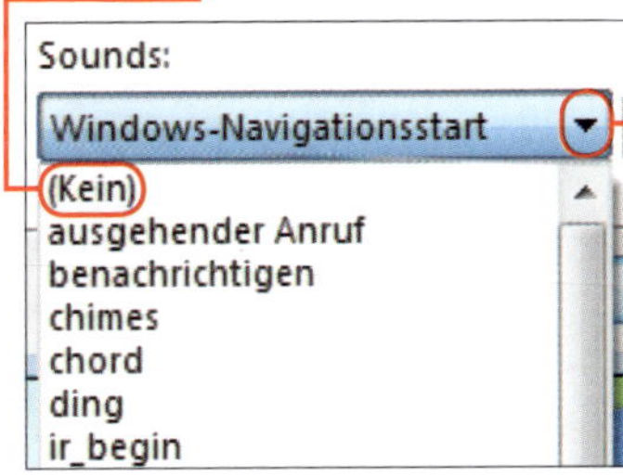

Um die Einstellung zu bestätigen und das Fenster zu schließen, genügt ein Klick auf

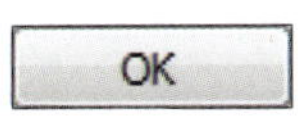

.

Künftig geben der Windows-Explorer und der Internet Explorer beim Klicken endlich Ruhe.

Ohne Spuren im Internet stöbern

Beim Besuch von Internetseiten hinterlassen Sie auf dem eigenen Rechner jede Menge Spuren. Andere Computernutzer können über den **Verlauf** und **Cookies** feststellen, auf welchen Seiten Sie sich zuletzt getummelt haben. Der Ehepartner kann zum Beispiel problemlos herausfinden, wo Sie nach welchen Geburtstagsgeschenken gesucht haben. Wenn Sie also lieber anonym im Internet stöbern möchten, lässt sich der Internet Explorer so einstellen, dass keine Spuren aufgezeichnet werden.

1 Damit Sie die nötigen Einstellungen vornehmen können, klicken Sie im Internet Explorer zunächst auf

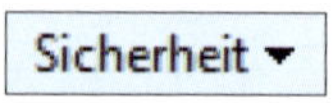

und dann auf den Eintrag ●.

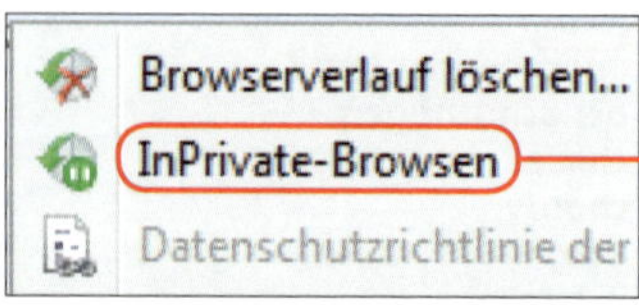

- Alternativ hierzu können Sie auch per Mausklick auf das Symbol ●

eine neue Registerkarte öffnen und dann auf ● klicken.

2 Daraufhin erscheint ein neues Internet-Explorer-Fenster, das in der Adressleiste und in der Titelleiste zusätzlich mit dem Hinweis ●

gekennzeichnet ist. Solange diese Kennzeichnung sichtbar ist, brauchen Sie sich keine Sorgen um Spuren zu machen. Denn im Privatmodus werden auf dem Rechner keine Informationen über Ihren Internetausflug aufgezeichnet. Das gilt für folgende Daten, die normalerweise gespeichert werden:

Spur	Im Privatmodus
Verlauf	Es werden keine Adressen besuchter Seiten gespeichert.
Kennwörter	Kennwörter, Benutzernamen und andere Formulareingaben werden nicht gespeichert.
Adressleiste	Es werden keine Adresseingaben gespeichert.

Spur	Im Privatmodus
Cookies	Cookies werden zwar wie gewöhnlich gespeichert, damit alle Seiten fehlerfrei funktionieren. Sobald Sie das Fenster aber schließen, werden alle Cookies dieser Sitzung restlos gelöscht.
Temporäre Internetdateien	Während des InPrivate-Surfens speichert der Browser temporär, also vorübergehend Daten, die beim Schließen des Fensters jedoch restlos entfernt werden.

3 Wenn Sie den Privatmodus verlassen und wieder normal Internetseiten aufrufen wollen, müssen Sie das Privatfenster nur per Mausklick auf

schließen. Alle Cookies und temporären Internetdaten aus der anonymen Sitzung werden dann sofort gelöscht. Daher können andere Computernutzer nicht mehr nachverfolgen, welche Seiten Sie besucht haben.

Internetspuren nachträglich von Hand löschen

Dank des Privatmodus (siehe vorherigen Tipp) entscheiden Sie selbst, ob und wann Sie ohne Spuren durchs Internet stöbern. Doch was tun, wenn man zum Beispiel vor dem Geschenkekauf oder vor der Buchung einer Überraschungsreise vergessen hat, die Privatfunktion einzuschalten? Kein Problem. So können Sie die Spuren Ihrer Aktivitäten auch nachträglich noch verwischen:

1 Klicken Sie im Internet Explorer in der Menüleiste zunächst auf

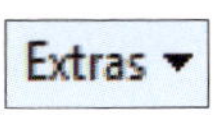

und dann im geöffneten Menü auf

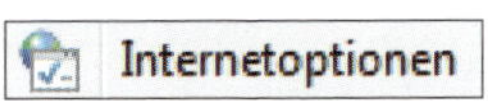

.

2 Holen Sie danach mit einem Mausklick auf den Registerreiter

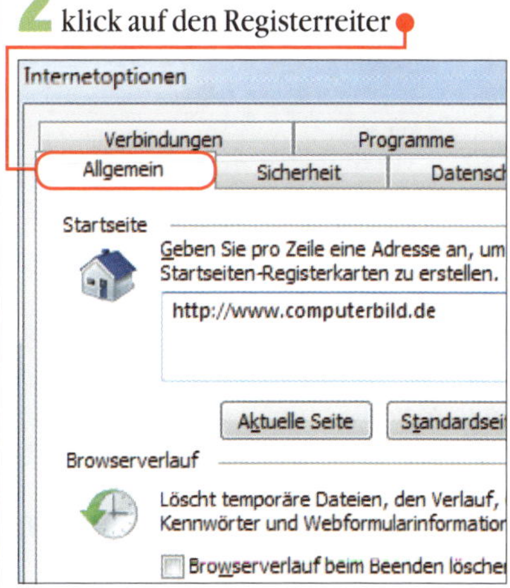

das entsprechende Fenster in den Vordergrund, und klicken Sie darin auf die Schaltfläche .

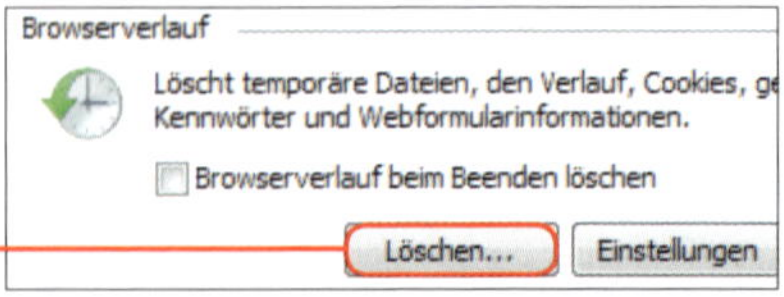

3 Im nächsten Fenster können Sie entscheiden, welche Spuren getilgt werden sollen. In den meisten Fällen genügt es, die oberen vier Kontrollkästchen , ,

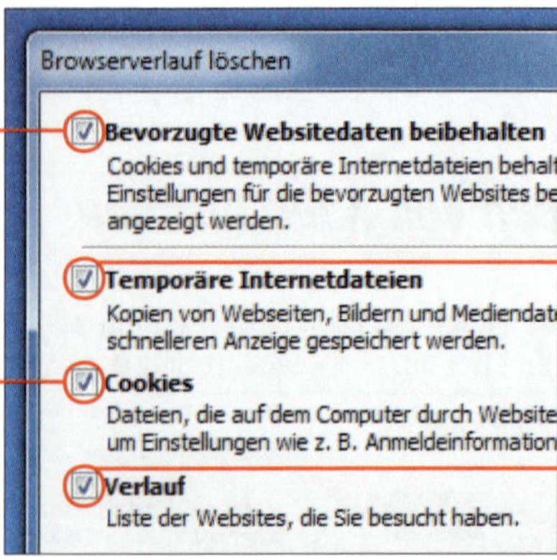

sowie mit einem Häkchen zu versehen. Mit dieser Einstellung werden die meisten Surfspuren restlos entfernt, ohne dass Sie auf Komfortfunktionen wie gespeicherte Kennwörter oder Formulardaten verzichten müssen. Diese blieben ebenso wie Cookies erhalten, wenn Sie das oberste Kästchen markieren und somit auch bevorzugte Daten von Internetseiten beibehalten.

Möchten Sie hingegen restlos alle Spuren entfernen, sollten Sie alle Kontrollkästchen mit Ausnahme von ankreuzen.

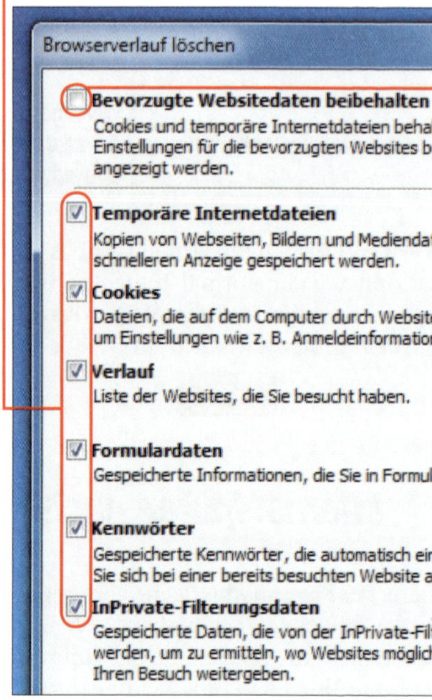

4 Sobald Sie Ihre Wahl getroffen haben, klicken Sie einfach auf die Schaltfläche

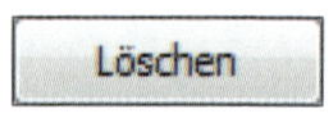

,

damit die gewählten Daten entfernt werden.

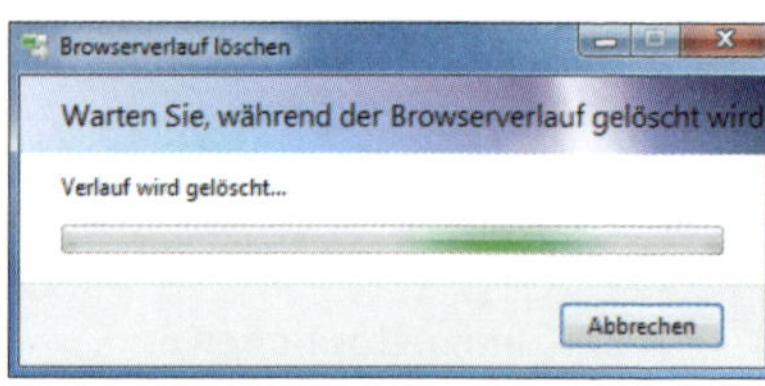

Weniger persönliche Daten an Seitenbetreiber übermitteln

Einige Betreiber von Internetseiten sammeln fleißig Daten. Fast überall werden Seitenzugriffe gezählt, um die Seitenaufrufe zu analysieren. Die Internetseitenbetreiber halten zum Beispiel fest, wann auf welche Verknüpfung geklickt wurde, wie lange Sie auf einer Seite verweilen oder wie oft Sie eine Seite bereits aufgerufen haben. Zwar versichern die Anbieter, dass die Daten anonym und nur zu statistischen Zwecken ausgewertet werden - ein mulmiges Gefühl bleibt trotzdem. Die gute Nachricht: Mit einem Trick können Sie die Datensammelwut einschränken.

1 Öffnen Sie im Fenster des Internet Explorers mit einem Mausklick das Menü

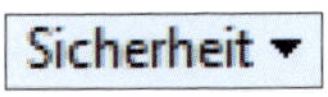

und klicken Sie hier auf den Befehl

.

2 Wenn Sie den Filter zum ersten Mal aktivieren, müssen Sie im nächsten Fenster entscheiden, ob Sie die Filterung dem Internet Explorer überlassen oder selbst festlegen möchten, welche Internetadressen Sie blockieren wollen. Die Blockade bezieht sich allerdings nicht auf komplette Internetseiten, sondern nur auf jene Teile der besuchten Seiten, die beispielsweise Werbung einbetten oder das Besucherverhalten analysieren (siehe Kasten Seite 74). Damit der Internet Explorer automatisch verhindert, dass Daten über Sie ermittelt und übertragen werden, klicken Sie auf ●.

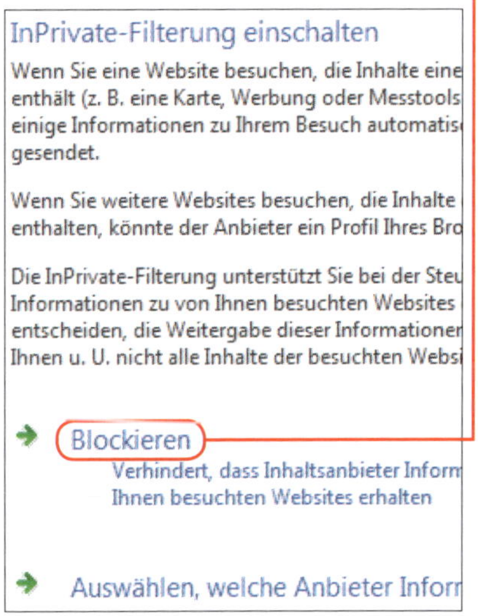

3 Dass der Filter aktiv ist, erkennen Sie im geöffneten Menü ●

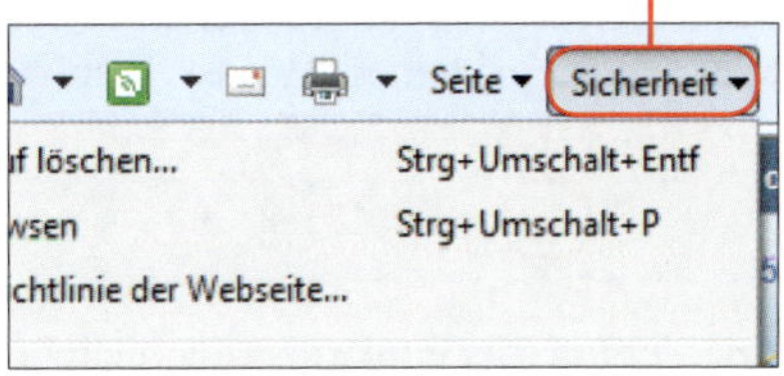

So wird das Internet kontrolliert

Wann und wie Sie sich im Internet bewegen, und welche Angebote Sie dort nutzen, interessiert viele Anbieter. Daher sind auf vielen Internetseiten neben sichtbaren Bestandteilen wie Karten, Videos oder Werbung auch unsichtbare „Analysewerkzeuge" integriert, mit denen die Seitenbetreiber zählen, wie viele Besucher sie auf ihrer Seite haben, aber auch, wie sich die Besucher verhalten, also wie oft eine Seite aufgerufen wurde, wann und mit welchem Browser der Zugriff erfolgte, ja sogar aus welcher Region sie geöffnet wurde.

Meistens nehmen nicht die Seitenbetreiber selbst diese Auswertungen vor, sondern überlassen sie Spezialisten, also Dritten, so wie ja auch die Werbeeinblendungen von Drittanbietern kommen. Kurz gesagt: Sobald Sie surfen, fließen die Daten nicht nur übers Internet hin zu Ihrem PC, sondern Sie stoßen auch die Datenübertragung zwischen ganz verschiedenen Rechnern an, von denen Sie in der Regel noch nie etwas gehört haben.

Allerdings sind die Anbieter der Analysewerkzeuge durchaus bekannte große Unternehmen. So ist eines der bekanntesten und verbreitetsten Analysetools Google Analytics, mit denen ein Großteil der Webseitenbetreiber die Besucherströme analysiert. Wenn Sie eine Schutzmaßnahme wie die InPrivate-Filterung des Internet Explorers aktivieren, so trennt der Filter, welche Inhalte vom eigentlichen Seitenanbieter und welche vom Drittanbieter stammen und blockiert die Auslieferung der Informationen an externe Dienstleister. Hierzu verwendet der Internet Explorer eine Liste bekannter Anbieter von Analysewerkzeugen.

an dem Häkchen.

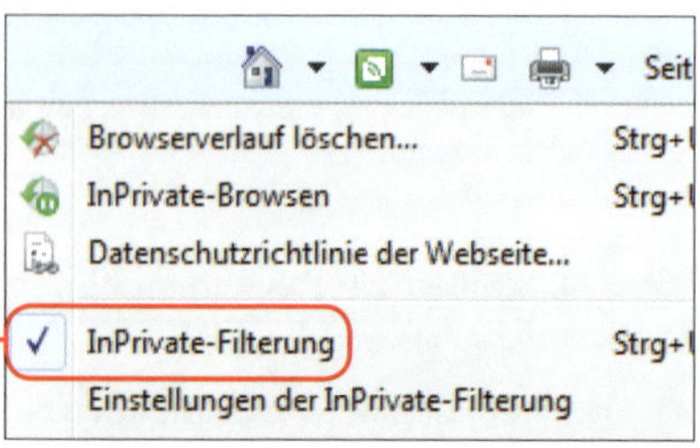

Zusätzlich erscheint unten rechts in der Statusleiste ein kleines Schlosssymbol.

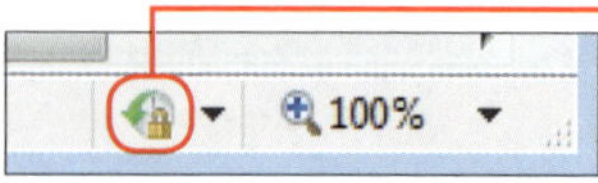

Falls der Internet Explorer erfolgreich Inhalte blockieren konnte, taucht in dem Symbol ein kleines Ausrufezeichen auf:.

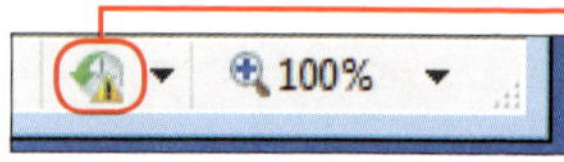

4 Der Filter blockiert vornehmlich Datensammler und Werbung. Mitunter kann es aber auch passieren, dass einige wichtige Funktionen wie Routenplaner oder eingebettete Videos nicht mehr funktionieren. Wenn auf der Seite wichtige Funktionen plötzlich fehlen, können Sie die Filterung ausschalten, indem Sie auf das Schlosssymbol

in der Statusleiste klicken. Das Symbol wird daraufhin grau ausgeblendet: ●.

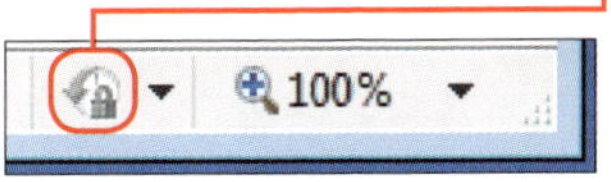

Laden Sie die betreffende Seite mit der Taste [F5] jetzt einfach neu, um sie ohne Filterung anzuzeigen.

5 Sie können die Filtereinstellungen selbst verfeinern oder nachschauen, ob und welche Elemente blockiert wurden. Hierzu klicken Sie in der Menüleiste wieder auf

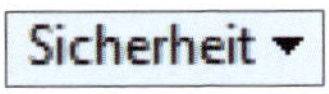

und im geöffneten Menü auf den Eintrag ●.

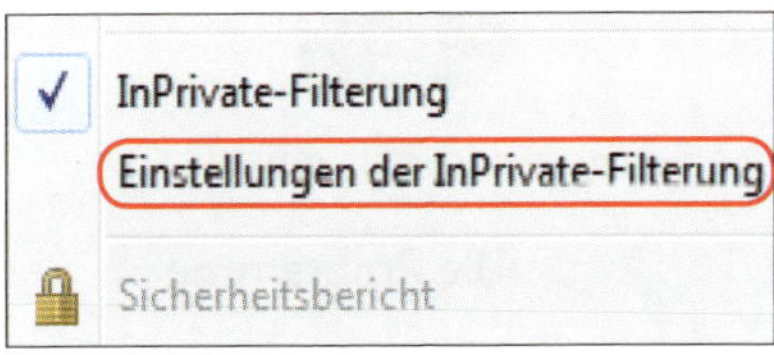

6 Wenn Sie möchten, dass der Internet Explorer automatisch prüft, welche Seiten verdächtige Zählwerkzeuge verwenden, und diese dann direkt blockiert, ist die Option

optimal. Als verdächtig gelten Analysewerkzeuge (siehe Kasten linke Seite), die von vielen Internetseiten verwendet werden. Als Maßstab gilt der Zahlenwert ●.

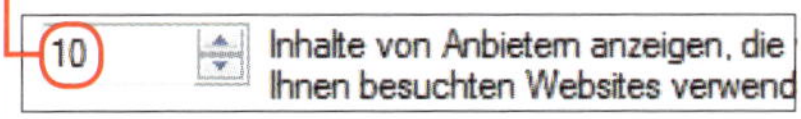

In der Standardeinstellung müssen mindestens zehn besuchte Internetseiten dasselbe Analysewerkzeug verwenden, um als schwarzes Schaf zu gelten. Sie können das Kriterium auch verschärfen und zum Beispiel Analysewerkzeuge bereits blockieren, wenn sie auf ●

besuchten Internetseiten auftauchen. Falls Sie den Wert ändern, klicken Sie anschließend auf

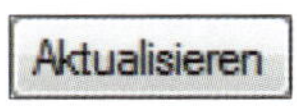

,

damit die Filterliste neu eingelesen wird.

Automatisch wieder ohne Filter

Sobald Sie den Internet Explorer schließen, wird der Filter ausgeschaltet. Wenn Sie beim nächsten Mal wieder mit Filterschutz arbeiten möchten, müssen Sie ihn – wie in Schritt 1 beschrieben – wieder einschalten. Schneller geht's per Mausklick auf das graue (also ausgeschaltete) Schloss ● in der Statusleiste

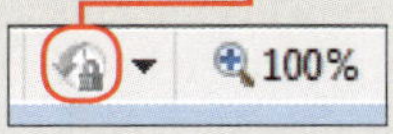

oder mit der Tastenkombination [Strg] + [⇧] + [F].

32 Bit und 64 Bit: ein Anzeigeprogramm, zwei Versionen

Windows 7 gibt es in zwei Ausführungen: als 32-Bit- und als 64-Bit-Variante. Ist im PC ein 64-Bit-Prozessor eingebaut - etwa ein Intel Core 2 Duo oder AMD Athlon 64 oder AMD Opteron -, kann auf Ihrem Rechner statt der 32-Bit- auch die schnellere 64Bit-Version von Windows 7 installiert werden. Wenn der PC bereits mit vorinstalliertem Windows 7 gekauft wurde, stellt sich oft die Frage: Welche Version ist nun drauf, Windows 7 64 oder Windows 7 32? Optisch sind die beiden Varianten kaum zu unterscheiden. Ob 64 Bit oder 32 Bit, diese Frage lässt sich leicht beantworten:

1 Drücken Sie die **Tastenkombination** [Windows] + [Pause], um die Systemübersicht einzublenden. Im unteren Teil des Fensters erfahren Sie, um welche Windows-Variante es sich handelt, hier ein 64-Bit-System.

2 Ist auf Ihrem Rechner die 64-Bit-Version installiert, stehen Ihnen auch zwei verschiedene Internet Explorer zur Verfügung. Sie haben dann die Wahl zwischen dem 32-Bit- und 64-Bit-Internetanzeigeprogramm. Standardmäßig ist der 32-Bit-Internet-Explorer aktiv. Wenn Sie also das Internetanzeigeprogramm ganz normal über das Symbol

in der Startleiste aktivieren, kommt immer die 32-Bit-Variante zum Einsatz.

3 Bei der 64-Bit-Version von Windows 7 können Sie aber auch die 64-Bit-Variante des Internet Explorers starten. Hierzu klicken Sie nacheinander erst auf

,

dann im geöffneten Startmenü auf

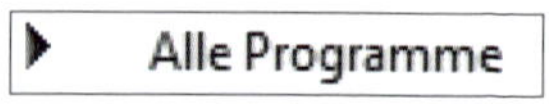

und schließlich auf den Eintrag

.

4 Daraufhin erscheint der 64-Bit-Internet-Explorer. Äußerlich unterscheidet er sich nicht vom „normalen" Internet Explorer. Erst wenn Sie in der Menüleiste ganz rechts am Rand auf das Fragezeichen

und dann auf den Eintrag

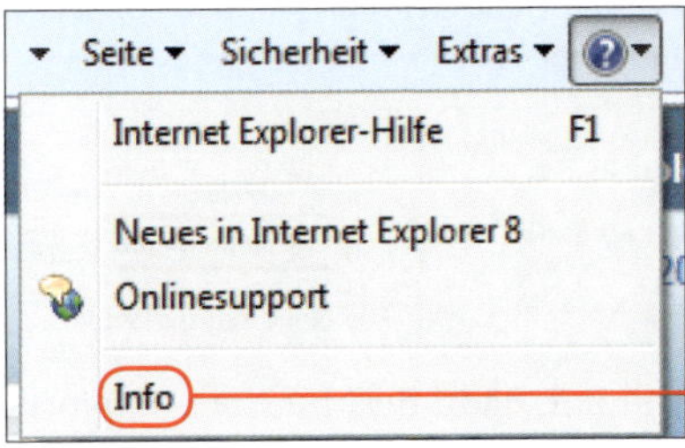

klicken, taucht im Infofenster der Zusatz auf.

5 Nach dem Start des 64-Bit-Internet-Explorers finden Sie in der Startleiste übrigens zwei Explorer-Symbole: eines für die klassischen 32-Bit-Variante und das zweite für das gestartete 64-Bit-Programm,

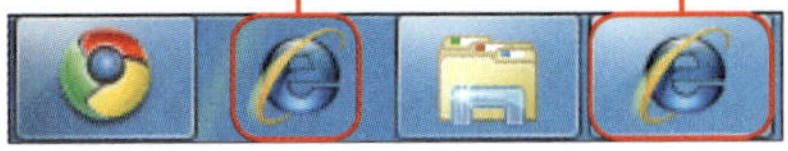

deren Symbole aber identisch sind.

> **64 Bit ist nicht automatisch besser**
>
> Der 64-Bit-Internet-Explorer ist nicht immer die bessere Wahl. Denn einige Erweiterungen wie der Adobe Flash Player sind oft nur in der 32-Bit-Version verfügbar. Es kann daher passieren, dass sich einige Internet-Explorer-Erweiterungen mit dem 64-Bit-Internet-Explorer nicht aktivieren lassen und Internetseiten nicht korrekt angezeigt werden. Verwenden Sie für solche Seiten wieder den guten alten 32-Bit-Internet-Explorer. Erst wenn alle wichtigen Erweiterungen als 64-Bit-Version zur Verfügung stehen, sollte der 64-Bit-Internet-Explorer zu Ihrem Standardanzeigeprogramm werden.

Mehrere Internetseiten gleichzeitig aktualisieren

Mit dem Internet Explorer können Sie problemlos mehrere Internetseiten gleichzeitig aufrufen. Sie müssen nur mit der Tastenkombination [Strg] + [T] oder per Mausklick auf das Symbol

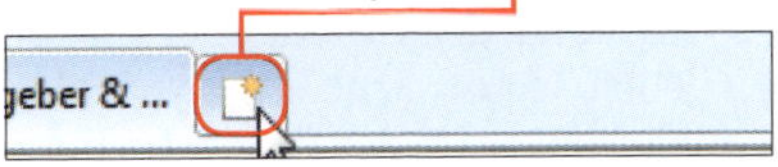

eine neue Registerkarte öffnen - schon können Sie die Adresse der nächsten Seite eingeben. Das ist zum Beispiel praktisch, um mehrere eBay-Auktionen im Blick zu behalten und erst Sekunden vor dem Auktionsende das eigene Gebot abzugeben.

Allerdings ist es mühsam, alle Registerkarten zu aktualisieren. Wenn Sie in den geöffneten Seiten beispielsweise die Ablaufzeit der eBay-Auktionen aktualisieren wollen, müssen alle Registerkarten einzeln angeklickt und mit F5 neu geladen werden. Mit einem Trick machen Sie sich die Arbeit leicht und aktualisieren auf einen Schlag sämtliche geöffneten Registerkarten.

1 Klicken Sie dazu einfach mit der *rechten* Maustaste auf eine der geöffneten Registerkarten, etwa hierhin.

2 Wenn Sie anschließend aus dem aufklappenden Menü per Mausklick den Befehl

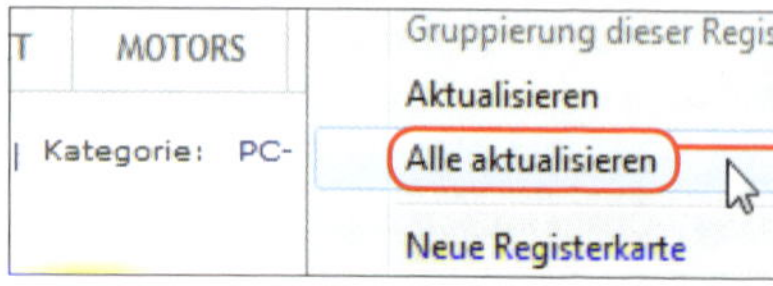

wählen, lädt der Internet Explorer gleichzeitig alle zurzeit geöffneten Seiten neu. Sie erkennen dies am runden Ladesymbol.

Internetadressen ohne „www." oder „.de" eingeben

Die meisten Adressen von Internetseiten fangen mit dem Kürzel

www.

an und enden auf

.de

oder

.com.

Bei fast allen Seiten können Sie das **www**-Kürzel weglassen. Wenn Sie zum Beispiel statt

www.computerbild.de

nur

computerbild.de

eingeben, landen Sie ebenfalls auf der COMPUTER BILD-Seite. Das Gleiche funktioniert bei fast allen anderen Internetseiten. Mit einem Trick können Sie sich die Arbeit noch leichter machen und sogar die Endung weglassen.

autobild.de

1 Endet eine Adresse auf „.com", müssen Sie nur den Hauptteil der Adresse eingeben. Für die Seite **www.youtube.com** geben Sie ins Adressfeld des Internet Explorers also lediglich

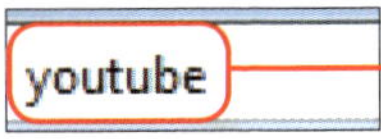

ein. Wichtig: Drücken Sie jetzt *nicht* einfach [↵], sondern die Tastenkombination [Strg] + [↵]! Damit macht der Internet Explorer aus der Kurzeingabe die komplette Adresse

und ruft die entsprechende Seite auf. Das funktioniert bei allen Adressen, die auf „.com“ enden.

! Wichtige Endungen von Internetadressen

Zu den wichtigsten Endungen von Internetadressen gehören (Stand: Sommer 2010):

Ende	Land/Region	Anzahl
.com	meist USA	ca. 90 Mio.
.de	Deutschland	ca. 14 Mio.
.net	meist USA	ca. 13 Mio.
.co.uk	Großbritannien	ca. 9 Mio.
.cn	China	ca. 8,5 Mio.
.org	meist USA	ca. 8 Mio.
.info	nicht länderspezifisch	ca. 6 Mio.
.nl	Niederlande	ca. 4 Mio.
.eu	Europa	ca. 3,5 Mio.
.biz	nicht länderspezifisch	ca. 2 Mio.
.ch	Schweiz	ca. 1.5 Mio.
.at	Österreich	ca. 1 Mio.
.li	Liechtenstein	ca. 62 Tsd.

2 Das Problem: In Deutschland enden die meisten Internetadressen nicht auf „.com“, sondern auf „.de“. Damit der Trick auch für deutsche Adressen funktioniert, klicken Sie auf

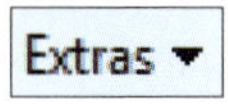

und dann im geöffneten Menü auf den Befehl

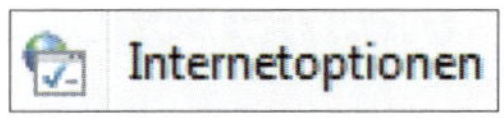

.

3 Danach holen Sie per Mausklick auf den Registerreiter

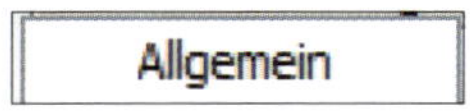

die dazugehörige Registerkarte in den Bildschirmvordergrund und klicken dort auf die Schaltfläche .

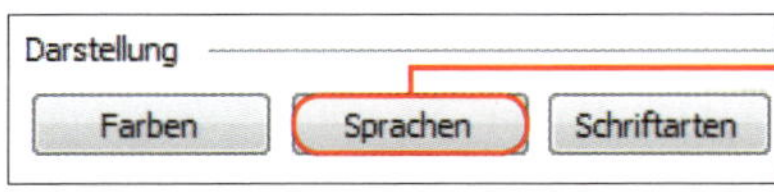

4 Nun tippen Sie in das Eingabefeld

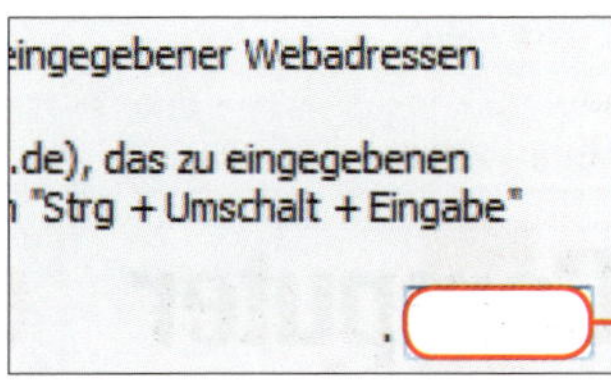

das Kürzel

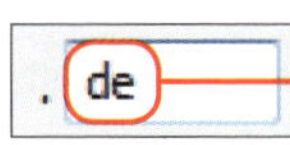

ein und bestätigen die Eingabe mit einem Klick auf die Schaltfläche

.

5 Künftig können Sie auch deutsche Internetseiten schneller aufrufen. So geben Sie jetzt beispielsweise für **www.computerbild.de** einfach die Kurzform

ein und drücken die Tastenkombination [Strg] + [⇧] + [↵]. Für die Abkürzung zu Adressen mit der Endung „.com" ist weiterhin die Tastenfolge [Strg] + [↵] zuständig.

Internetseiten mit Lupe vergrößern oder verkleinern

Sie haben den Eindruck, die Internetseite verwendet zu kleine Schriften? Auf den Bildern ist kaum etwa zu erkennen? Dann sollten Sie die Lupenfunktion des Internet Explorers verwenden. Damit können Sie Internetseiten stufenlos vergrößern und wieder verkleinern.

1 Am einfachsten geht's mit dem Mausrad: Halten Sie die [Strg]-Taste gedrückt, und verwenden Sie das Mausrad als Lupe. Ein Dreh nach oben vergrößert die Seite,

,

ein Dreh nach unten verkleinert sie wieder.

Die komplette Seite inklusive Grafiken, Tabellen und Formularen wird proportional an die neue Größe angepasst.

2 Ein alternatives Verfahren: Sie klicken auf das Dreieck

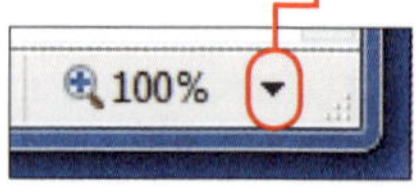

und wählen aus dem aufklappenden Menü die gewünschte Vergrößerungsstufe aus, zum Beispiel ●.

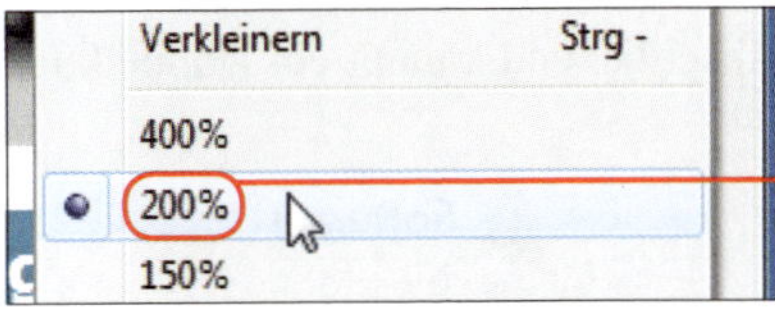

3 Statt der Maus können Sie aber auch die Tastatur verwenden. Mit der Tastenkombination [Strg] + [+] wird alles vergrößert, mit [Strg] + [-] wieder verkleinert. Um direkt wieder die Originalgröße einzustellen, drücken Sie die Tastenkombination [Strg] + [0] (Ziffer Null).

Internetseiten aus dem Startmenü aufrufen

Wenn Sie es eilig haben, können Sie Internetseiten auch aufrufen, ohne zuvor den Internet Explorer zu starten. Und so einfach geht's:

1 Öffnen Sie als Erstes das Startmenü wie gewohnt mit einem Mausklick auf

.

2 Tragen Sie dann die Adresse der gewünschten Internetseite in das Suchfeld des Startmenüs ein, zum Beispiel ●,

und drücken Sie anschließend die [↵]-Taste.

3 Das war's schon. Sofern eine Internetverbindung besteht, erscheint sofort der Internet Explorer und blendet die gewünschte Internetseite ein.

Internetseiten noch schneller aufrufen

Dank der Funktion **AutoVervollständigen** lassen sich einmal besuchte Seiten rasch erneut aufrufen: Noch während Sie eine Internetadresse eingeben, erscheint eine kleine Liste mit allen passenden Adressen, die Sie schon einmal besucht haben. Aus dem Listenfeld können Sie dann per Mausklick die passende Adresse auswählen, etwa ●.

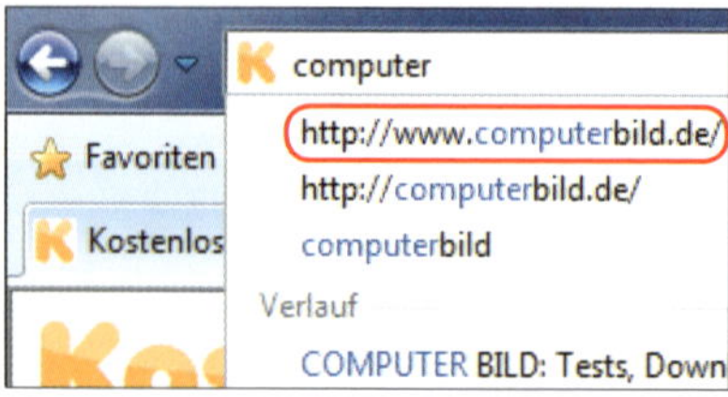

Es geht aber noch komfortabler: Mit einer kleinen Änderung in der Registrierdatenbank füllt Windows die Adressleiste gleich komplett aus. Dann brauchen Sie nicht mal mehr per Mausklick den Eintrag aus der Liste auszuwählen, sondern können einfach nur [↵] drücken.

1 Starten Sie den Registrierungseditor, indem Sie die Tastenkombination [⊞] + [R] drücken, dann den Befehl ●

regedit

eingeben und anschließend auf

OK

klicken. Bestätigen Sie den Sicherheitshinweis per Klick auf die Schaltfläche

Ja.

2 Klicken Sie im Registrierungseditor doppelt auf

HKEY_CURRENT_USER.

Anschließend kommt ein Doppelklick auf

Software,

gefolgt von einem doppelten Mausklick auf

Microsoft

und darunter auf

Windows.

Klicken Sie danach doppelt auf

CurrentVersion

und schließlich auf den Eintrag

Explorer,

der nun markiert ist.

3 Achten Sie darauf, dass im linken Fensterbereich der Ordner ●

markiert (blau unterlegt) ist wie in der Abbildung. Öffnen Sie danach per Mausklick auf ● das gleichnamige Menü

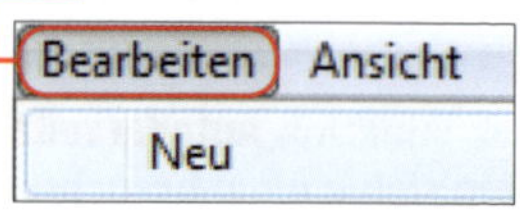

,

in dem Sie auf

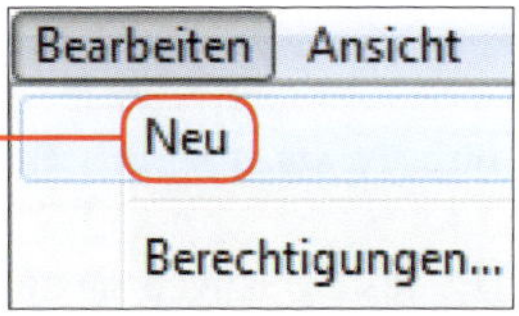

klicken und anschließend im Untermenü auf

4 Nun überschreiben Sie den bereits markierten Standardnamen

mit dem neuen Namen

Um die Änderung abzuschließen, drücken Sie dann die ↵-Taste.

5 Markieren Sie im linken Fensterbereich den soeben erstellten neuen Eintrag

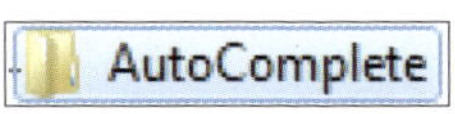

Danach klicken Sie in der Menüleiste auf

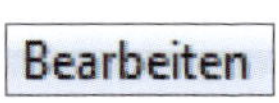

und im geöffneten Menü erst auf

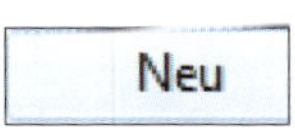

und dann auf den Eintrag

6 Tragen Sie als Namen für die neue Zeichenfolge

ein, und drücken Sie die ↵-Taste. Anschließend klicken Sie im rechten Fensterbereich doppelt auf den neuen Eintrag

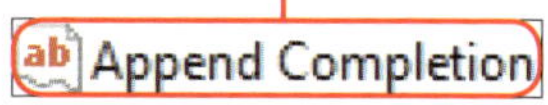

und tippen das Wort

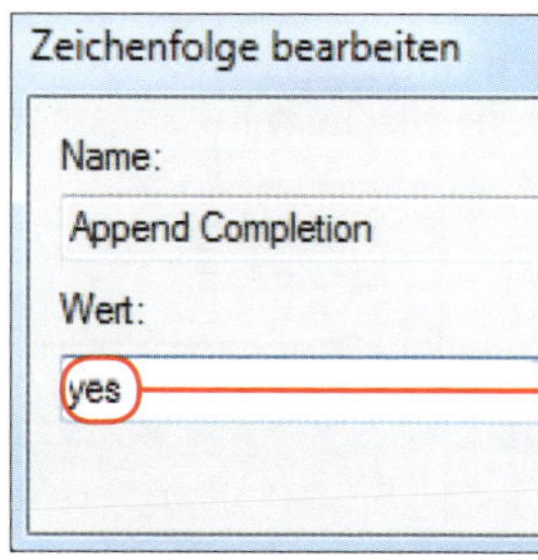

ein. Zur Bestätigung Ihrer Eingaben genügt ein Mausklick auf

7 Wenn Sie den Registrierungseditor per Klick auf

geschlossen und den Internet Explorer neu gestartet haben, werden Sie den neuen Komfort gleich spüren: Sobald Sie jetzt den ersten Teil einer Adresse eingeben, ergänzt der Internet Explorer sofort den kompletten Namen. So erscheint beispielsweise bei der Eingabe von

in der Adressleiste umgehend die komplette Adresse

Mit der [↵]-Taste gelangen Sie direkt zur vorgeschlagenen Seite. Darüber hinaus können Sie auch weiterhin auf die Vorschläge der Liste zugreifen.

Internetseiten in Farbe drucken

Die Druckfunktion des Internet Explorers ist recht komfortabel. Über die Druckvorschau, die Sie per Mausklick auf das nach unten weisende Dreieck der Druckschaltfläche

und den Befehl

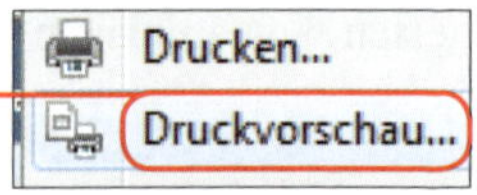

erreichen, zeigt der Internet Explorer bereits am Bildschirm, wie der Ausdruck auf dem Papier aussehen wird. Alles, was auf der Internetseite zu sehen ist, erscheint auch auf dem Papier.

Nur eines scheint der Internet Explorer beim Drucken zu übergehen: die Hintergrundbilder. Wenn sich auf der Internetseite ein Hintergrundbild befindet, etwa ●,

,

wird in der Druckvorschau nur eine weiße Fläche angezeigt: ●.

Der Grund: Damit die gedruckten Seiten besser lesbar sind, blendet der Internet Explorer die Hintergrundbilder beim Drucken aus. Das muss aber nicht so bleiben:

1 Wenn Sie auf die Hintergrundbilder nicht verzichten möchten, müssen Sie eine kleine Änderung in den Einstellungen vornehmen. Klicken Sie dazu im Internet Explorer als Erstes auf ●

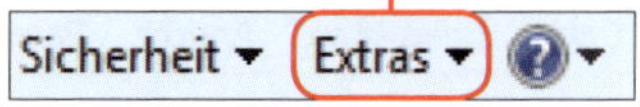

und anschließend auf den Befehl

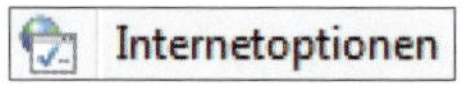

.

2 Nun wechseln Sie in das Register ●.

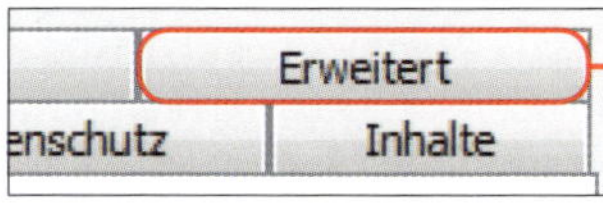

Dort setzen Sie per Klick in das Kästchen ●

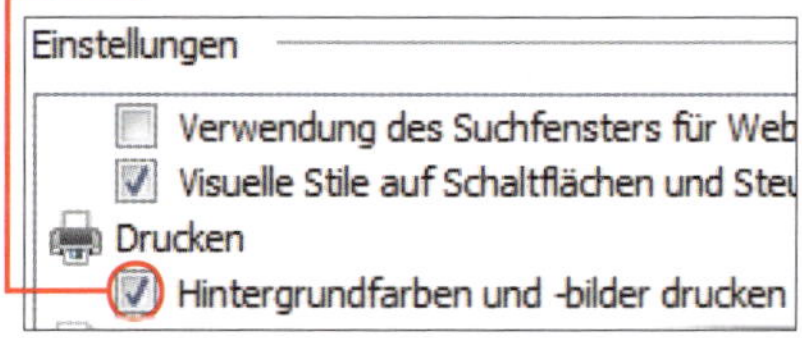

ein Häkchen wie in der Abbildung, bevor Sie das Fenster mit

schließen. Jetzt erscheinen auch die Hintergrundgrafiken in der Druckvorschau und auf dem Papier.

Die Menüleiste des Internet Explorers

Wenn Sie bereits mit früheren Versionen des Internet Explorers Ausflüge ins weltweite Datennetz unternommen und gearbeitet haben, werden Sie vermutlich

die alte Menüleiste

vermissen. Kein Problem: Mit einem Trick blenden Sie die Menüleiste auch im Internet Explorer von Windows 7 ein.

1 Um die Menüleiste kurzfristig einzublenden, drücken Sie im Internet Explorer die Taste F10 oder Alt. Daraufhin erscheint zwischen der Symbolleiste und der Adresszeile die Menüleiste.

2 Eigentlich eine praktische Sache, allerdings verschwindet die Leiste beim ersten Aufruf eines Befehls wieder. Wenn Sie sie dauerhaft anzeigen möchten, klicken Sie auf

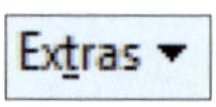

und wählen im aufklappenden Menü die Befehle

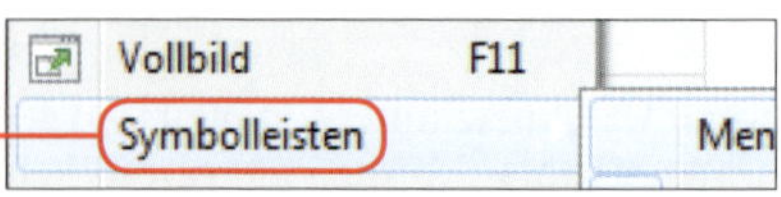

sowie rechts davon.

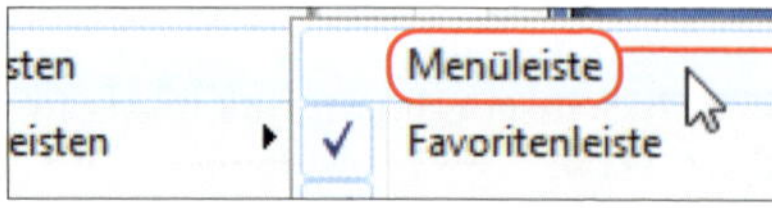

Nun bleibt die Menüleiste dauerhaft sichtbar. Um die Leiste wieder auszublenden, rufen Sie die Befehle erneut auf.

3 Schön sieht das jedoch nicht aus. Die Menüleiste quetscht sich ziemlich unansehnlich und unpraktisch zwischen die beiden Symbolleisten. Wenn Sie die Leiste lieber wie gewohnt am oberen Fensterrand platzieren möchten, müssen Sie eine kleine Änderung in der Registrierdatenbank vornehmen. Hierzu starten Sie, wie auf Seite 82 in Schritt 1 gezeigt, den Registrierungseditor und klicken darin doppelt nacheinander erst auf

,

dann auf

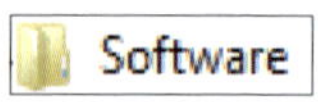

und hier auf den Hersteller

.

Weiter geht es mit einem Doppelklick auf den Programmnamen

,

dort auf

und schließlich auf

.

4 Anschließend klicken Sie auf den Befehl

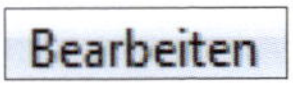

und dann im geöffneten Menü nacheinander auf die Einträge

und

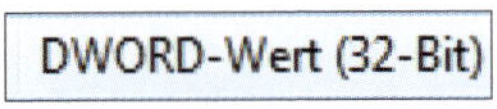

.

5 Überschreiben Sie den Standardnamen

mit ,

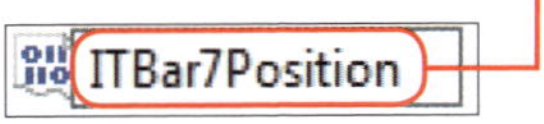

und bestätigen Sie die Änderung mit der ↵-Taste.

6 Nach einem Doppelklick auf den neuen Eintrag

tippen Sie in das nachfolgende Dialogfenster den Wert

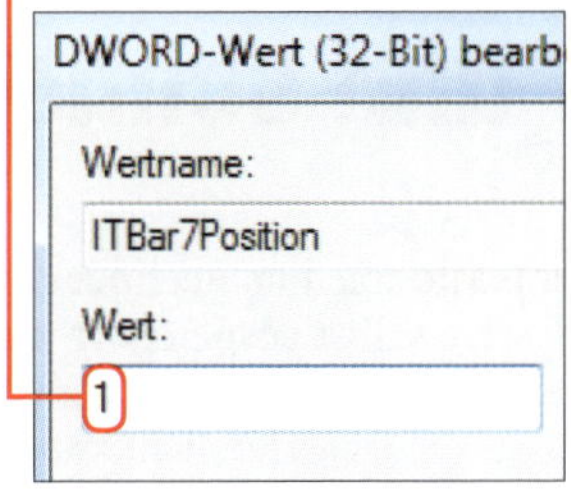

ein. Bestätigen Sie die Eingabe mit einem Klick auf die Schaltfläche

,

und schließen Sie den Registrierungseditor per Mausklick auf

.

7 Starten Sie den Internet Explorer neu. Beim nächsten Start erscheint die Menüleiste – sofern Sie in Schritt 2 dieses Tipps die entsprechende Einstellung vorgenommen haben – wie gewohnt an der obersten Stelle: .

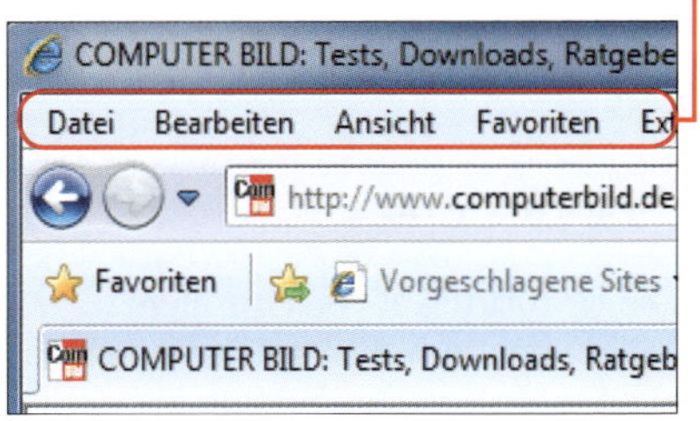

5 Die Festplatte optimieren und schneller machen

Die **Festplatte** spielt im Rechner eine wichtige Rolle. Hier sind alle Daten und das Betriebssystem selbst gespeichert. Und stets muss Windows Daten von der Festplatte lesen oder darauf schreiben. Umso wichtiger ist es, dass die Festplatte möglichst schnell ist. Das ist leider nicht immer der Fall. Denn mit der Zeit wird die Platte immer langsamer. Ursache sind Unordnung auf der Festplatte, überflüssige Dateien und Dateileichen sowie die gefürchtete **Fragmentierung**, die Zerstückelung der Dateien. Zum Glück hat Windows 7 für alle Festplattenprobleme die passende „Medizin" mit an Bord. Mit wenigen Handgriffen beseitigen Sie Festplattenprobleme und bringen die Platte wieder auf Vordermann.

Im fünften Kapitel dieses Buches erfahren Sie,

- wie Sie Festplattenfehler aufspüren und reparieren,
- wie Festplatten über das Kontextmenü optimiert werden,
- welche Möglichkeiten der Textmodus des Defragmentierbefehls bietet,
- wie Sie die Festplatten von überflüssigen Dateien befreien,
- wie Sie externe Festplatten auf ein schnelles Dateisystem umstellen,
- wie aus ISO-Dateien echte CDs/DVDs gemacht werden
- und wie Sie Festplatten mit wenigen Handgriffen schneller machen.

Kapitel-Wegweiser

Die Festplatte auf Fehler prüfen

Die Festplatte ist nur schnell, wenn sie auch gesund ist. Mit der Zeit kommt es während des Betriebs jedoch zu Fehlern wie beschädigten Dateien oder zerstörten Sektoren. Das ist bei fast allen Festplatten der Fall und lässt sich kaum vermeiden. Die Fehler treten zum Beispiel auf, wenn Programme abstürzen, es zu einem Stromausfall kommt oder der Computer mitten während der Arbeit über den Netzschalter einfach ausgeschaltet wird. Die Fehler lassen sich zum Glück leicht reparieren. Damit es zu keinem Datenverlust kommt, ist in Windows ein „Festplattendoktor“ integriert. Der spürt alle Fehler auf und nimmt auch gleich eine Reparatur vor.

1 Drücken Sie die **Tastenkombination** [Win] + [E], um den Windows-Explorer zu starten. Es folgt ein Mausklick in der linken Spalte auf

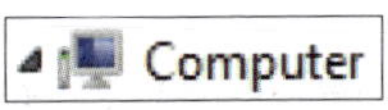

.

Klicken Sie dann auf das Festplattenlaufwerk, das Sie überprüfen möchten, zum Beispiel ●.

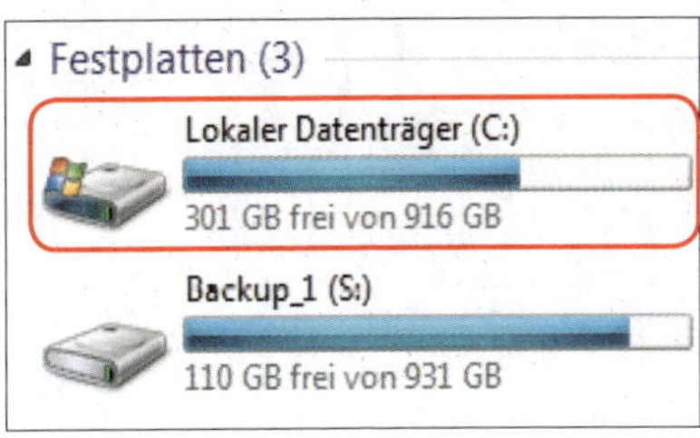

2 Als Nächstes klicken Sie auf die Schaltfläche

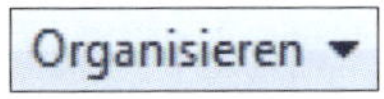

und wählen im aufklappenden Menü den Eintrag

.

Holen Sie per Klick auf den Registerreiter ●

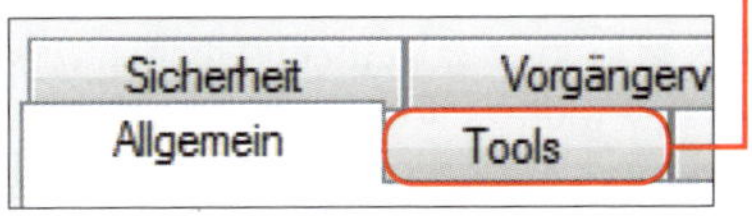

das dazugehörige Registerfenster in den Vordergrund, und klicken Sie dort auf die Schaltfläche

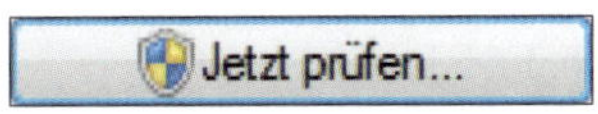

.

Den Sicherheitshinweis bestätigen Sie wie üblich mit einem Mausklick auf

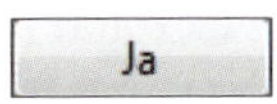

.

3 Im nachfolgenden Fenster bestimmen Sie, wie intensiv die Festplatte überprüft werden soll. Kreuzen Sie die Option ●

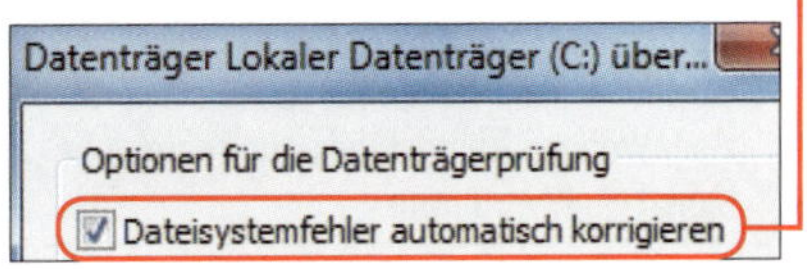

an, damit gefundene Fehler in Dateien und Ordnern sofort repariert werden. Wenn Sie den Verdacht haben, dass die Festplatte defekt ist, sollten Sie zusätzlich das Kontrollkästchen

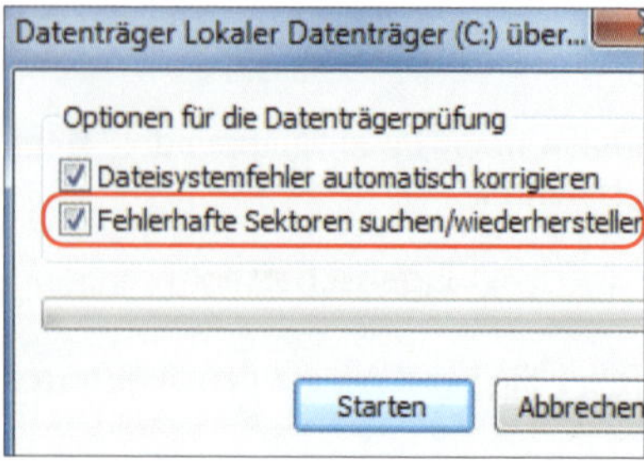

per Mausklick mit einem Häkchen versehen. Windows überprüft dann auch die Sektoren (sämtliche Speicherbereiche der Festplatte) sowie die interne Festplattenstruktur. Die intensive Suche in den Sektoren dauert allerdings erheblich länger als die normale Prüfroutine. Um die Prüfung zu starten, klicken Sie auf die Schaltfläche

.

Windows beginnt sofort mit der Überprüfung.

> **Am besten alle zwei Wochen prüfen**
>
> Die regelmäßige Fehlerprüfung ist wichtig, damit die Festplatte gesund bleibt. Es empfiehlt sich, die Fehlersuche etwa alle zwei Wochen, mindestens aber einmal im Monat durchzuführen.

4 Wenn Sie das Laufwerk ausgesucht haben, auf dem Windows installiert ist (das ist meist das Laufwerk),

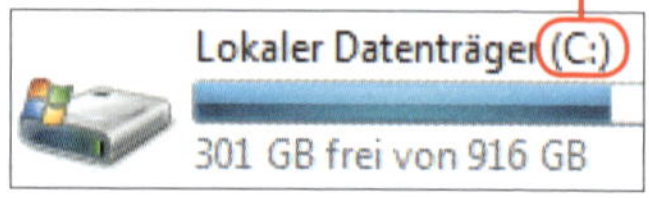

erscheint der Hinweis, dass die Prüfung erst beim nächsten Start erfolgt. Klicken Sie in diesem Fall auf .

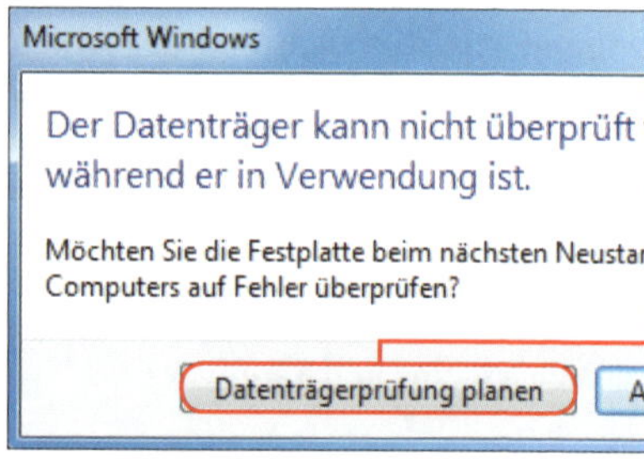

Die Überprüfung findet dann beim nächsten Windows-Start statt, den Sie selbstverständlich auch direkt einleiten können.

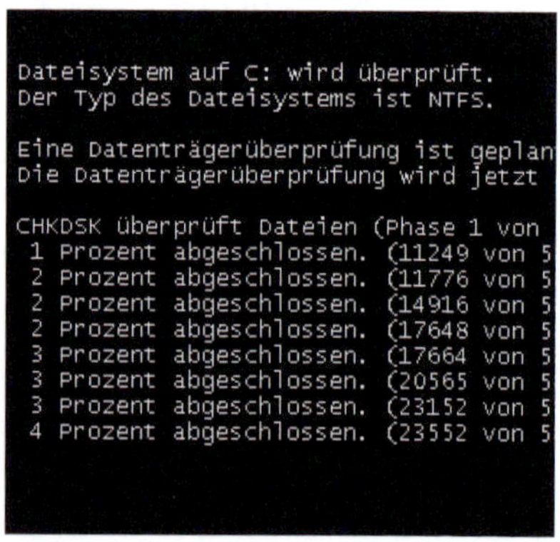

Defragmentierbefehl ins Kontextmenü einbauen

Wie schnell eine Festplatte ist, hängt maßgeblich von der sogenannten **Fragmentierung** ab. Um die Festplatte schneller zu machen, führt Windows regelmäßig eine **Defragmentierung** aus. Dabei werden die Dateifragmente eingesammelt und die Dateien wieder am Stück auf der Festplatte gespeichert. Die Folge: Die Festplatte wird schneller.

Der Defragmentierer läuft etwa einmal pro Woche und sorgt dafür, dass verstreut gespeicherte Dateien wieder zusammengesetzt werden und die Platte dadurch insgesamt schneller wird. Das reicht Ihnen noch nicht? Wer gerne selbst Hand anlegt und die Platte manuell defragmentieren möchte, kann mit folgendem Trick den Defragmentierbefehl ins **Kontextmenü** der *rechten* Maustaste aufnehmen.

1 Um die Festplatte zwischendurch, also außerhalb des Standardzeitplans, zu optimieren, müssen Sie normalerweise mit der *rechten* Maustaste auf das Laufwerk

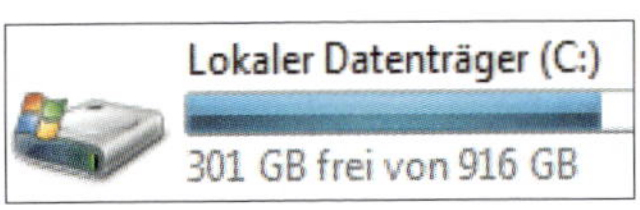

klicken und dann im Kontextmenü den Eintrag

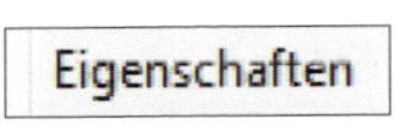

wählen. Danach folgt je ein Mausklick auf den Registerreiter

sowie auf die Schaltfläche

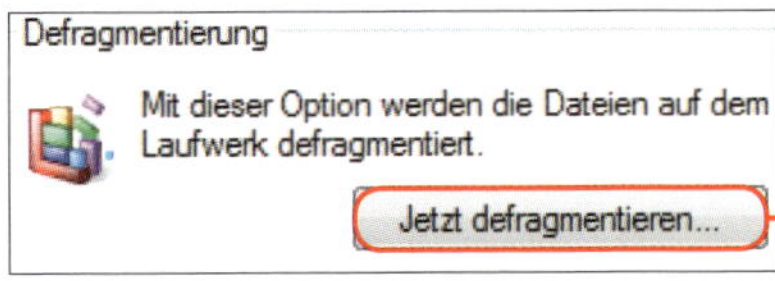

und schließlich auf

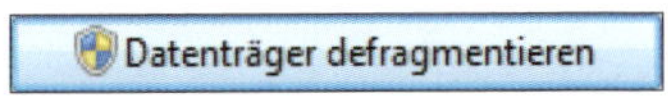

.

2 Wenn Sie den Defragmentierbefehl direkt in das Kontextmenü der *rechten* Maustaste einbauen und somit künftig schneller erteilen möchten, starten Sie zunächst den Registrierungseditor. Drücken Sie dazu die Tastenkombination [Windows] + [R]. Danach geben Sie den Befehl

ein und bestätigen die Eingabe mit einem Klick auf die Schaltfläche

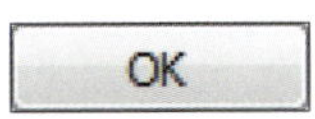

.

Die Sicherheitswarnung, die daraufhin erscheint, bestätigen Sie wie gewohnt mit

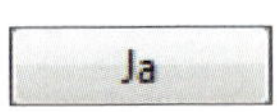

.

3 Anschließend folgt je ein Doppelklick auf die Ordner

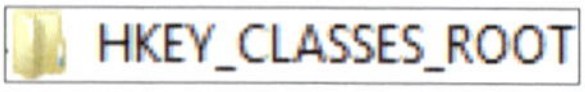

,

sowie

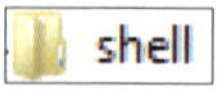

.

4 Klicken Sie dann in der Menüleiste auf den Befehl

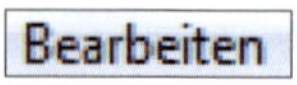

und im geöffneten Menü als Erstes auf

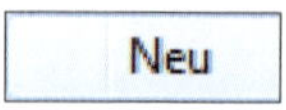

und danach auf den Eintrag

.

Nun überschreiben Sie den bereits markierten Standardnamen ●

mit dem Begriff ●

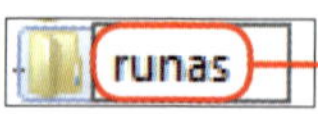

und bestätigen Ihre Eingabe mit einem Druck auf die [↵]-Taste.

5 Als Nächstes klicken Sie in der rechten Fensterhälfte doppelt auf ●,

tippen im dafür vorgesehenen Eingabefeld den Begriff ● ein und klicken zur Bestätigung auf die Schaltfläche ●.

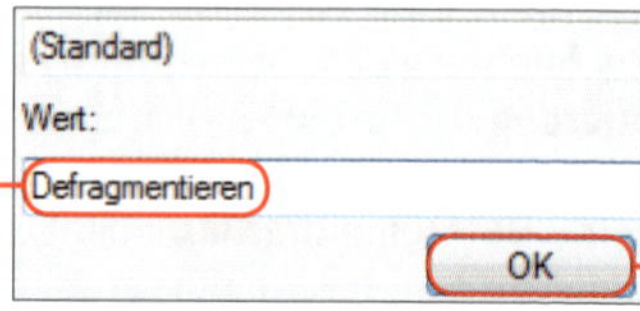

6 Markieren Sie nun

,

und wiederholen Sie Schritt 4, um unter „runas" einen neuen Schlüssel mit dem Namen ●

einzufügen, den Sie dann mit einem Mausklick markieren.

7 Anschließend klicken Sie in der rechten Fensterhälfte wieder doppelt auf ●.

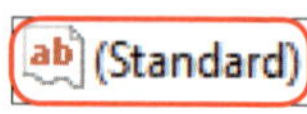

Geben Sie in das Dialogfenster, das daraufhin erscheint, den Befehl ●

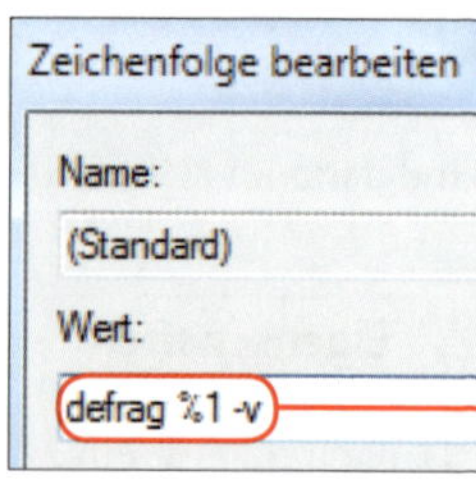

ein, bestätigen Sie die Eingabe wie üblich mit einem Mausklick auf die Schaltfläche

,

und schließen Sie den Registrierungseditor per Klick auf

.

8 Zu guter Letzt starten Sie Windows neu. Das Ergebnis: Wenn Sie im Explorer mit der *rechten* Maustaste auf ein Laufwerk wie

klicken, erscheint im Kontextmenü umgehend der neue Befehl,

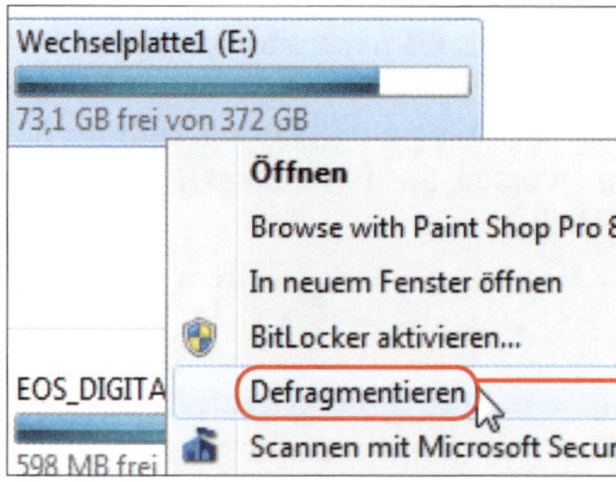

mit dem Sie die Festplatte sofort auf Vordermann bringen können.

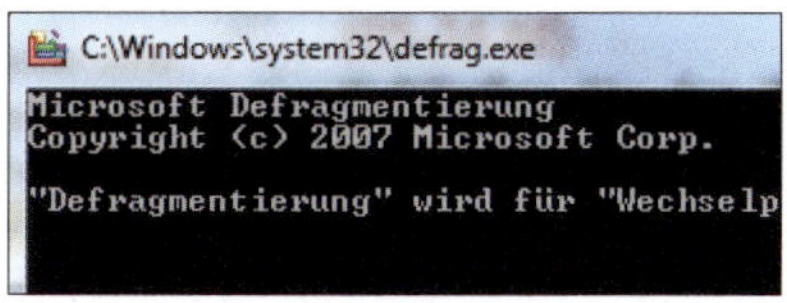

Defragmentieren im Textmodus

Der Defragmentierer von Windows verrichtet seine Arbeit meist unbemerkt im Hintergrund. Viele Einstellmöglichkeiten haben Sie dabei nicht. Wer mehr Kontrolle über die Optimierung haben möchte, kann den Textmodus des Defragmentierers nutzen, der im normalen Betrieb nicht in Erscheinung tritt.

1 Klicken Sie als Erstes auf das Startsymbol

,

und geben Sie den Suchbegriff

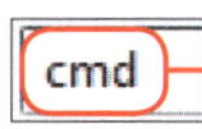

ein. Dann klicken Sie mit der *rechten* Maustaste auf den Eintrag

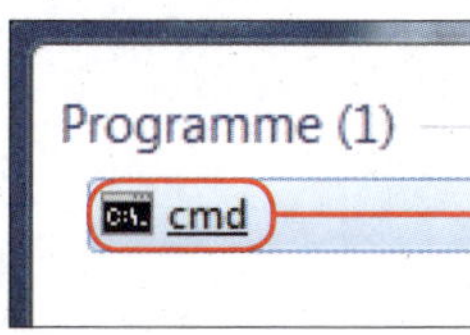

und wählen aus dem aufklappenden

Menü den Befehl

Als Administrator ausführen.

Die nachfolgende Sicherheitsabfrage beantworten Sie per Mausklick auf die Schaltfläche

Ja.

2 Windows öffnet daraufhin das Fenster der Eingabeaufforderung. Tippen Sie hier den Befehl

```
defrag c: -v
```

ein. Bei Befehlen, die Sie als Kommandos eintippen, müssen Sie stets auf die exakte Schreibweise achten. Die Anweisungen gliedern sich meist in einen Startbefehl, verschiedene Parameter wie beispielsweise die Angabe eines Laufwerks und sogenannte Schalter, das sind oft einzelne Buchstaben, die den zuvor genannten Befehl spezifizieren.

Bestätigen Sie Ihre Eingabe mit der ↵-Taste. Sofort startet das Betriebsprogramm mit der Defragmentierung der Festplatte C: und blendet – aufgrund des Schalters –

```
Volumeinformationen:
        Volumegröße                          = 916,41
        Clustergröße                         = 4 KB
        Belegter Speicherplatz
        Freier Speicherplatz

Fragmentierung:
        Fragmentierter Speicherplatz insgesam
        Durchschnittliche Fragmente pro Datei

        Dateien und Ordner, die verschoben we
        Dateien und Ordner, die nicht verscho

Dateien:
        Fragmentierte Dateien                = 12
        Dateifragmente insgesamt             = 396

Ordner:
        Ordner insgesamt                     = 6653
```

zusätzliche Informationen über die Struktur der Festplatte ein. Die Informationen erscheinen allerdings erst nach Abschluss der Defragmentierung; das kann einige Minuten dauern.

> **! Den Vorgang abbrechen**
>
> Wenn Sie die laufende Optimierung aus Zeitmangel unterbrechen möchten, drücken Sie einfach die Tastenkombination Strg + C.

3 Auf Wunsch können Sie dem Befehl weitere Schalter mit auf den Weg geben, um beispielsweise lediglich eine Überprüfung und keine Defragmentierung vorzunehmen: So wird mit dem Befehl

```
defrag c: -a
```

nur überprüft, nicht aber defragmentiert. Auf diese Weise können Sie vorab nachschauen, wie fragmentiert (zerstückelt) Ihre Festplatte ist. Die Informationen stehen in der Zeile.

```
Volumegröße                          = 916,41 GB
Freier Speicherplatz                 = 299,63 GB
Fragmentierter Speicherplatz insgesamt = 1%
Größter freier Speicherplatz         = 66,97 GB
```

4 Üblicherweise bricht das Defragmentierprogramm bei zu geringem freien Speicher ab. Windows benötigt auf der Festplatte mindestens 15 Prozent freien Speicherplatz. Damit die Defragmentierung selbst dann erfolgt, wenn weniger als 15 Prozent freier Speicherplatz zur Verfügung stehen, geben Sie den Befehl

```
defrag c: -f
```

ein. Das ist zum Beispiel bei sehr großen Festplatten von über 200 GB Kapazität sinnvoll - denn in dem Fall sind 15 Prozent immerhin 30 GB. Und die reichen dem Betriebsprogamm Windows allemal als Zwischenspeicher während der Defragmentierung.

5 Wenn mehrere Festplatten in Ihrem Computer eingebaut sind, können Sie mit dem Befehl

```
defrag c: -c
```

auf einen Schlag alle Festplatten gleichzeitig optimieren.

6 Zu guter Letzt noch ein Befehl, der vor allem dann praktisch ist, wenn Sie viele Spiele auf dem Rechner haben. Normalerweise optimiert Windows nur Dateien, die kleiner sind als 64 MB. Der Befehl

```
defrag c: -w
```

weist Windows an, die Größenbeschränkung zu ignorieren und uneingeschränkt Dateien jeder Größe zu defragmentieren. Das ist vor allem bei großen Anwendungen wie Spielen vorteilhaft.

Überflüssige Dateileichen entfernen

Jede Festplatte ist früher oder später davon betroffen: Auf dem Datenträger herrscht oft ein regelrechtes Chaos. Nicht mehr benötigte Dateien und andere Dateileichen sorgen für Unordnung auf dem Datenspeicher. Für die Festplatte selbst ist die Unordnung nicht weiter tragisch, die Platte verkraftet selbst das größte Chaos. Allerdings wird sie mit zunehmender Unordnung immer langsamer. Zudem wird eine Menge freier Speicherplatz vergeudet. Abhilfe schafft ein digitaler Frühjahrsputz, um die Platte aufzuräumen und wieder für Platz und Ordnung zu sorgen.

1 Zum Entrümpeln der Festplatte gibt es in Windows einen Bereinigungsassistenten. Um ihn zu starten, rufen Sie den Windows-Explorer auf, indem Sie die Tastenkombination [Windows] + [E] drücken. Anschließend klicken Sie in der linken Spalte auf

.

Danach klicken Sie mit der *rechten* Maustaste auf Ihre Festplatte, zum Beispiel,

,

und wählen im sich öffnenden Kontextmenü den Eintrag

Eigenschaften.

2 Im Fenster, das daraufhin angezeigt wird, verrät Ihnen Windows, wie viel Speicherplatz auf Ihrer Festplatte noch frei ist, im Beispiel ●.

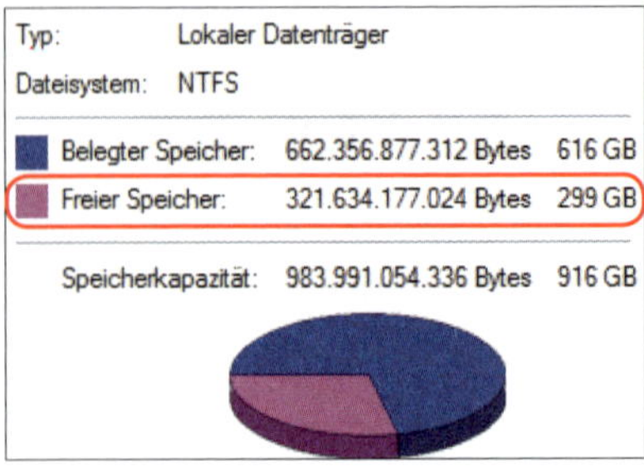

Um noch mehr freien Speicherplatz zu erhalten, klicken Sie auf die Schaltfläche

Bereinigen.

3 Windows analysiert daraufhin Ihre Festplatte und überprüft, ob und wie viele überflüssige Dateien sich darauf befinden.

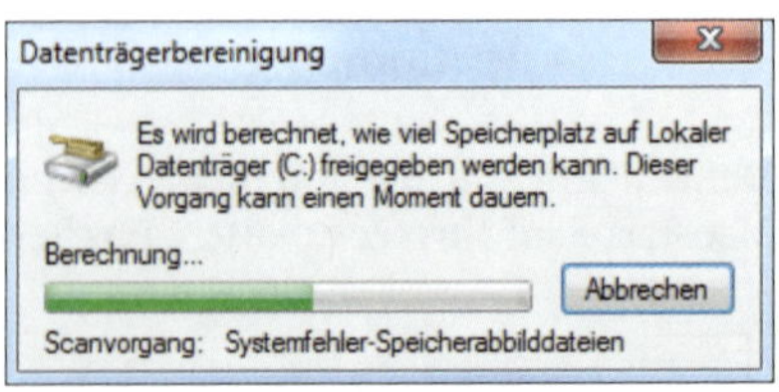

Sobald die Analyse abgeschlossen ist, erkennen Sie im nächsten Fenster anhand der Kontrollkästchen, welche Dateien zum Löschen empfohlen werden (siehe dazu den rechts stehenden Kasten).

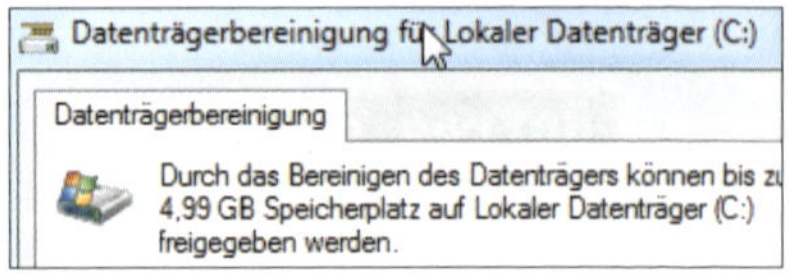

4 Kreuzen Sie per Mausklick die Kontrollkästchen der überflüssigen Dateien an, die Sie von der Festplatte löschen möchten. Es empfiehlt sich, die von Windows bereits vorgeschlagenen und mit einem Häkchen gekennzeichneten Einstellungen zu übernehmen.

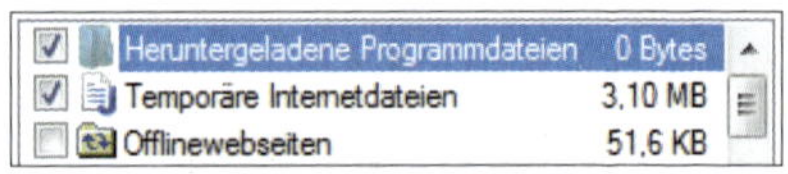

Den meisten Speicherplatz gewinnen Sie, wenn Sie alle Kontrollkästchen ankreuzen. Dabei brauchen Sie keine Sorge vor versehentlichem Löschen haben: Der Assistent passt genau auf, dass überlebenswichtige Dateien unangetastet bleiben.

5 Um den Löschvorgang zu starten, genügt dann ein Mausklick auf

OK

und im Fenster, das anschließend erscheint, auf die Schaltfläche ●.

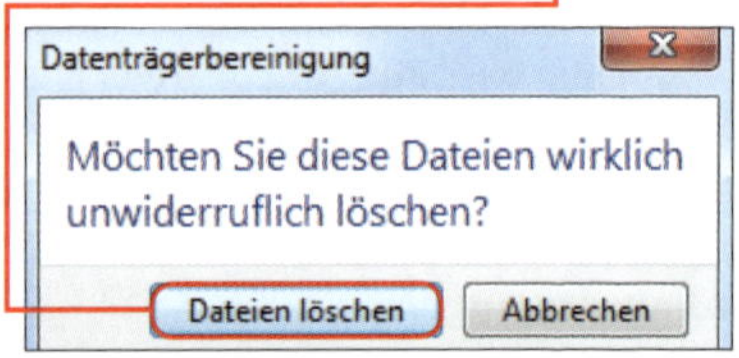

Je nach ausgewählten Dateien dauert der Reinigungsvorgang einige Minuten.

Dateien, die gefahrlos gelöscht werden können:	
Heruntergeladene Programm	Dynamische Internetinhalte (wie **ActiveX-Steuerelemente**, **Flash-Player** oder **JavaApplets**), die beim Aufrufen von Internetseiten automatisch heruntergeladen werden.
Temporäre Internetdateien	Der Zwischenspeicher des Internet Explorers, in dem Windows die Kopien sämtlicher Internetseiten ablegt, die Sie besucht haben.
Offlinewebseiten	Kopien von Internetseiten, die im sogenannten Offlinemodus des Internet Explorers gespeichert wurden. Dank der heruntergeladenen Dateien lassen sich die gespeicherten Internetseiten auch ohne Internetverbindung anzeigen.
Spielnachrichtendateien	Nachrichten und Informationen, die während eines Windows-Spiels – etwa Solitär – gespeichert wurden.
Papierkorb	Im Papierkorb landen alle Dateien, die Sie gelöscht haben. Richtig gelöscht sind sie damit aber noch nicht; sie bleiben zunächst im Papierkorb. Sie werden erst dann endgültig entfernt, wenn er „überläuft“ oder Sie ihn manuell leeren.
Setup-Protokolldateien	Dateien, die von Windows während der Installation von Anwendungsprogrammen angelegt, nach der Installation aber nicht korrekt gelöscht wurden.
Temporäre Dateien	Darunter versteht man zwischengespeicherte Informations-Häppchen von Programmen, die normalerweise beim Beenden des Programms wieder verschwinden sollten; zumindest theoretisch.
Miniaturansichten	Vorschaubildchen, die beim Betrachten von Fotos mit dem Windows-Explorer angezeigt werden. Die Vorschaubildchen werden erst angelegt, sobald Sie einen solchen Ordner zum ersten Mal aufrufen. Keine Sorge: Wenn Sie die Miniaturansichten löschen, werden sie beim nächsten Öffnen des jeweiligen Ordners erneut angelegt.
Windows-Fehlerberichterstattun	Fehlerberichte, die während eines Absturzes oder Programmfehlers von Windows angelegt wurden.
Dateien in Fehlerberichtwartesc	Fehlerberichte, die bereits angelegt, aber noch nicht an Microsoft geschickt wurden.

Dateisystem externer Festplatten ändern

Externe USB-Festplatten sind meist mit dem **Dateisystem** FAT32 formatiert. Das Problem von FAT32: Wenn Sie sehr große Dateien - etwa Videofilme - kopieren möchten, meldet Windows, dass das Laufwerk ein falsches Dateisystem hat. Das passiert bei Dateien, die größer als 4 **Gigabyte** sind. Damit auch Riesendateien draufpassen, können Sie das Dateisystem ändern, ohne die bereits vorhandenen Daten zu löschen.

1 Starten Sie den Windows-Explorer mit der Tastenkombination [Windows] + [E], und klicken Sie in der linken Spalte auf

.

Merken oder notieren Sie sich den Laufwerksbuchstaben der externen Festplatte, hier .

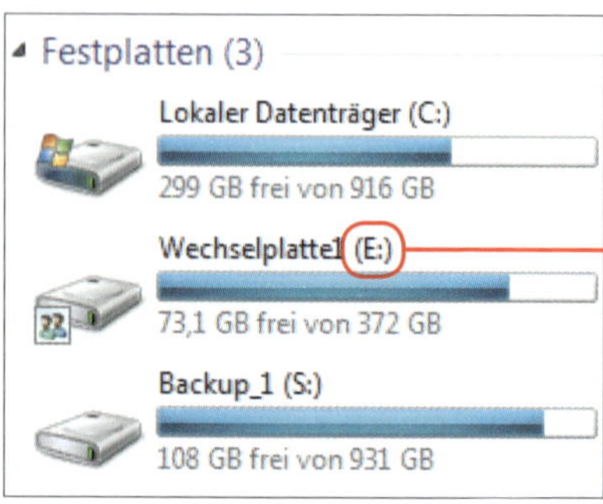

2 Starten Sie, wie in Schritt 1 auf Seite 93/94 gezeigt, die Eingabeaufforderung im Administratormodus. Dann tippen Sie den Begriff

`convert`

ein, drücken die [Leertaste]-Taste und geben anschließend den notierten Laufwerksbuchstaben der externen Festplatte ein, im Beispiel .

`e:`

Nach erneutem Druck auf die Leertaste folgt der Befehl .

`/fs:ntfs`

Der komplette Befehl sieht im Beispiel so aus: .

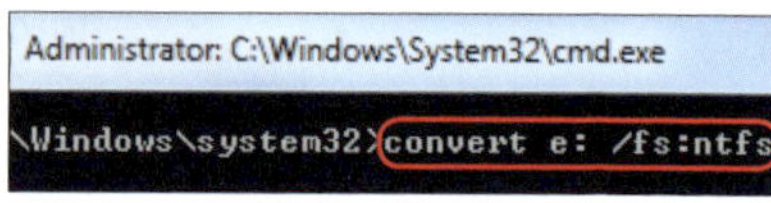

3 Damit die Anweisung gestartet wird, drücken Sie wie gewohnt die [Enter]-Taste. Die Festplatte wird daraufhin in das moderne Format NTFS umgewandelt. Das kann je nach Festplattengröße über eine Stunde dauern. Sobald die Meldung

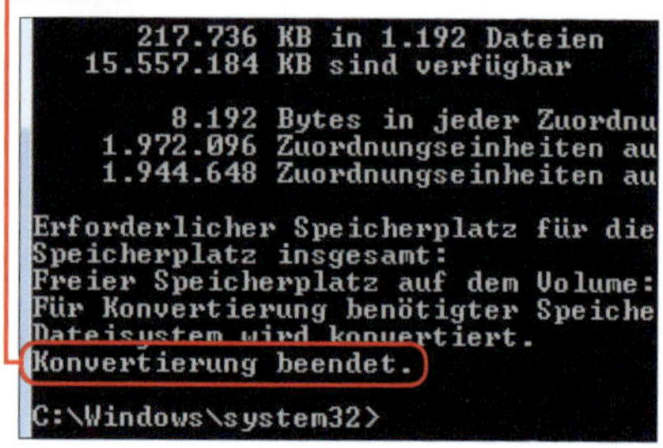

erscheint, schließen Sie das Fenster per Klick auf

.

4 Um das Ergebnis zu überprüfen, klicken Sie im Windows-Explorer mit der *rechten* Maustaste auf das Laufwerk, zum Beispiel ●,

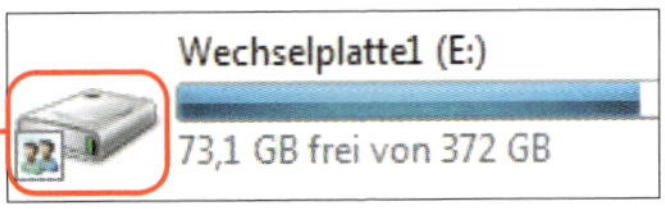

und im aufklappenden Menü auf den Eintrag

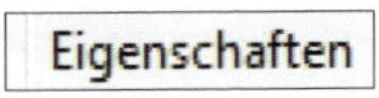

.

Als Dateisystem gibt Windows jetzt NTFS an: ●.

Damit sind Sie flexibler: Auch Dateien, die über 4 GB groß sind, lassen sich nun problemlos auf die externe Festplatte kopieren.

Mit Bordmitteln ISO-Dateien auf Rohling brennen

Bei einer **ISO-Datei** handelt es sich um ein Speicherabbild einer CD oder DVD, also um ein sogenanntes Image des Datenträgers. Dieses Abbild enthält nicht nur alle sichtbaren Dateien des Datenträgers, sondern auch die Struktur und die unsichtbaren Daten. Es ist also sozusagen eine in einer Datei konservierte CD oder DVD. Solche „Konserven" können Sie mit Windows 7 wieder auf eine CD oder DVD brennen, die dann dem Datenträger entspricht, von dem die ISO-Datei erstellt wurde. Bei früheren Windows-Versionen war es immer umständlich, aus einer ISO-Datei eine echte CD oder DVD zu machen. Bevor es ans Brennen der ISO-Datei ging, musste beim Vorgänger Windows XP oder Vista erst ein Brennprogramm heruntergeladen, installiert und konfiguriert werden. Das ist mit Windows 7 anders. Windows 7 ist mit einer versteckten Brennfunktion für ISO-Dateien ausgestattet.

1 Voraussetzung für die Übertragung eines Datenträgerabbilds auf eine CD oder DVD ist, dass der Datenträger in gespeicherter Form archiviert ist. Das gängigste Archivformat für Datenträgerabbilder sind ISO-Dateien. Um solch eine ISO-Datei handelt es sich beispielsweise bei der Notfall-CD von COMPUTER BILD, deren Download im Kasten auf der nächsten Seite beschrieben wird. Sie erkennen

COMPUTER BILD-Notfall-CD mit Webcode laden

In der Zeitschrift COMPUTER BILD finden Sie in vielen Artikeln sogenannte Webcodes. Dabei handelt es sich um eine mehrstellige Zahl. Mithilfe dieses Webcodes können Sie ganz gezielt Downloads und Artikel auf den Internetseiten von COMPUTER BILD aufrufen. Dies gilt auch für die Notfall-CD, die dann als ISO-Datei auf Ihren PC übertragen wird. Rufen Sie hierfür zunächst die Internetseite **www.computerbild.de** auf, geben Sie dort oben rechts ins Eingabefeld den Webcode ein,

und klicken Sie anschließend daneben auf

.

Auf der nächsten Seite folgt ein Klick auf

,

um die Übertragung zu starten. Wenn nun am oberen Fensterrahmen die Meldung

erscheint, klicken Sie sie mit der Maus an und wählen im aufklappenden Kontextmenü den Befehl .

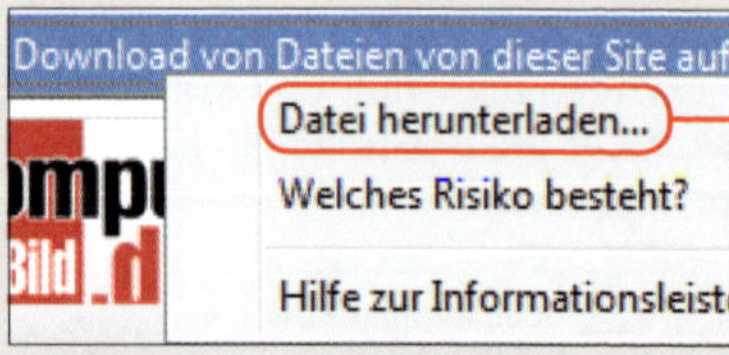

Im nachfolgenden Hinweisfenster klicken Sie auf ,

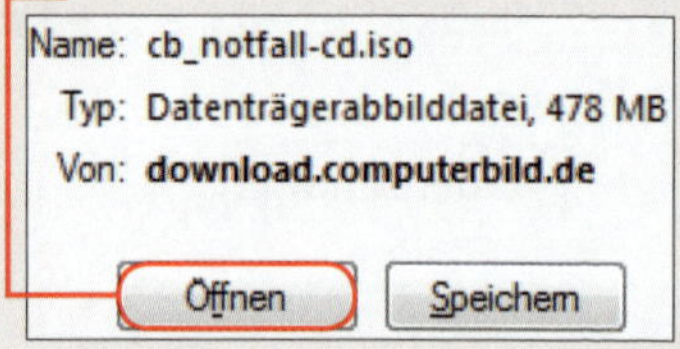

wählen den Ordner, in dem das ISO-Datenträgerabbild gespeichert werden soll, beispielsweise

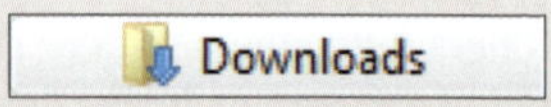

,

und bestätigen mit einem Mausklick auf

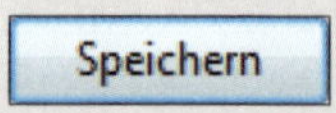

.

eine ISO-Datei im Windows-Explorer immer am Symbol .

2 Um aus der ISO-Datei eine CD, DVD oder Blu-ray-Disc zu brennen, öffnen Sie mit der Tastenkombination [Windows] + [E] den Windows-Explorer und wechseln in den Ordner, in dem sich die ISO-Datei befindet (siehe Kasten oben). In dem geöffneten Ordner klicken Sie mit der *rechten* Maustaste auf das Symbol der betreffenden ISO-Datei, im Beispiel

auf ●,

und wählen aus dem aufklappenden Menü den Befehl ●.

■ Sollte der Befehl nicht erscheinen (das ist meist der Fall, wenn ein anderes Brennprogramm installiert ist), klicken Sie auf

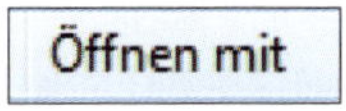

und dann auf den Eintrag

.

3 Im nächsten Fenster müssen Sie nur noch den gewünschten Brenner auswählen, beispielsweise ●.

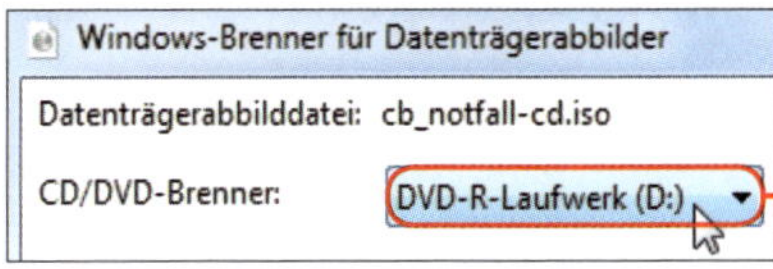

Legen Sie einen leeren Rohling in den Brenner ein, und klicken Sie auf die Schaltfläche

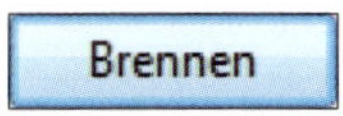

.

Jetzt macht Windows aus der ISO-Datei eine fertige CD, DVD oder Blu-ray-Disc.

Den Festplatten-Turbo einschalten

Windows verfügt über eine versteckte Funktion, um Festplatten und USB-Speicherstifte flotter zu machen. Hierzu aktivieren Sie den sogenannten **Cache-Speicher** der Festplatte. Die Platte kann dann Daten wesentlich schneller auf den Datenträger schreiben.

Um den Festplatten-Turbo zu aktivieren, gehen Sie folgendermaßen vor:

1 Drücken Sie die Tastenkombination [Windows] + [Pause], um das Fenster der Systemsteuerung zu öffnen. Klicken Sie in der linken Spalte auf ●

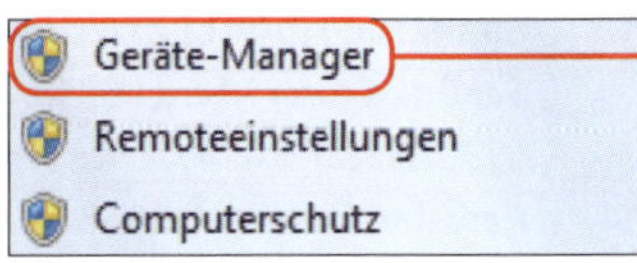

Achtung Datenverlust!

Der folgende Trick macht die Festplatte zwar schneller, birgt aber auch Risiken. Mit aktiviertem Cache-Speicher werden die Daten erst zwischengespeichert und verzögert auf die Festplatte geschrieben. Bei einem plötzlichen Stromausfall kann es daher zu Datenverlusten oder beschädigten Dateien kommen. Auf der sicheren Seite sind Sie, wenn der PC an einer unterbrechungsfreien Stromversorgung (im Fachjargon UPS genannt) angeschlossen ist. Auch bei tragbaren Computern im Akkubetrieb (Notebooks, Netbooks) besteht keine Gefahr, da hier die Stromversorgung selbst bei einem Stromausfall gewährleistet ist.

und anschließend auf die Schaltfläche

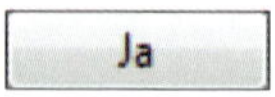

.

2 Damit Windows alle Datenträger Ihres Computers auflistet, klicken Sie auf das Dreieck ●.

Daraufhin öffnet sich die Übersicht. Die Festplatten erkennen Sie am Zusatz ●, USB-Sticks oder USB-Festplatten am Zusatz ●.

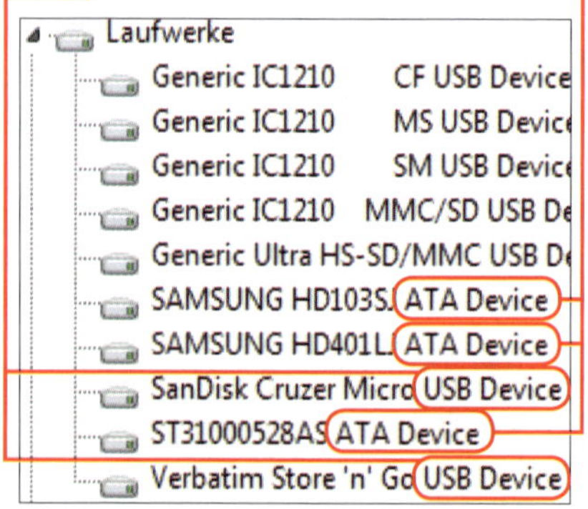

3 Nun klicken Sie mit der *rechten* Maustaste auf das Festplattenlaufwerk, im Beispiel auf ●, und wählen im erscheinenden Menü den Eintrag ●.

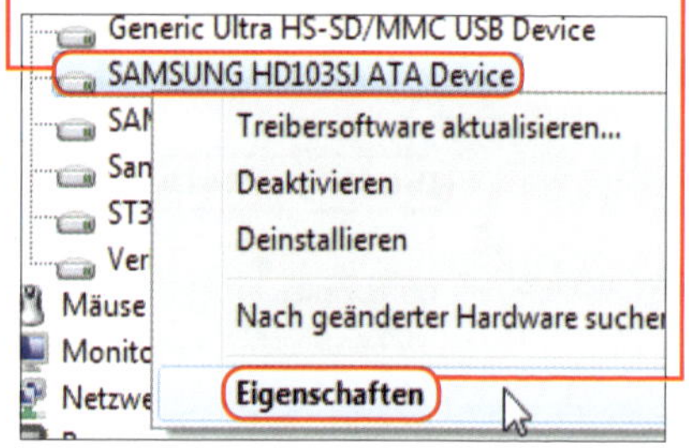

4 Holen Sie als Nächstes per Mausklick auf den Registerreiter

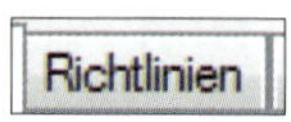

das entsprechende Registerfenster in den Vordergrund. Setzen Sie mit einem weiteren Klick in das Kontrollkästchen ●

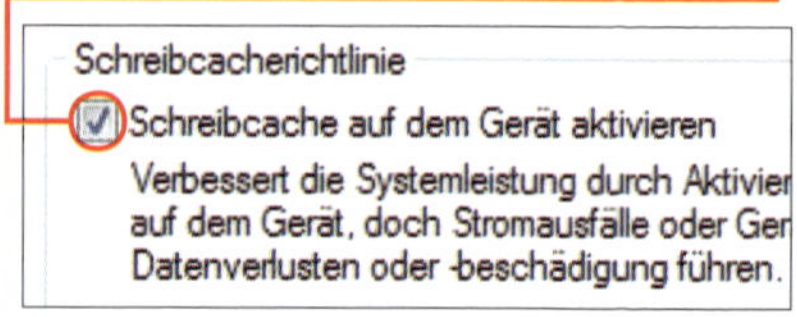

ein Häkchen. Sobald Sie das Fenster mit

geschlossen haben, verwendet die Festplatte den Cache-Speicher zur Beschleunigung der Festplattenzugriffe.

5 Neben fest eingebauten Festplatten können Sie übrigens auch USB-Speichersticks und USB-Festplatten auf diese Weise beschleunigen. Hierzu wiederholen Sie die Schritte 2 bis 4, klicken in Schritt 3 aber auf das USB-Laufwerk, etwa

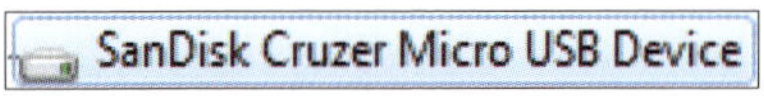

.

Als Richtlinie verwenden Sie dieses Mal die Option ●.

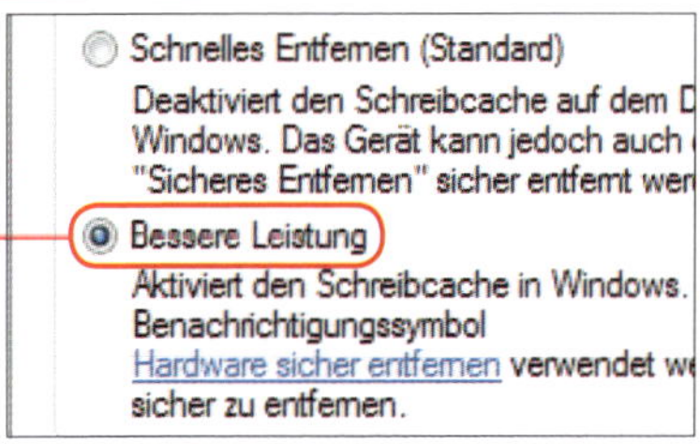

■ Auch hier müssen Sie aufpassen: Das USB-Laufwerk wird damit zwar schneller, allerdings können Sie das Gerät jetzt nicht mehr einfach abstöpseln. Um das USB-Laufwerk ohne Datenverluste vom Rechner zu entfernen, müssen Sie künftig in der Startleiste auf das Symbol ●

und dann auf den Auswerfen-Befehl des jeweiligen USB-Laufwerks klicken, im Beispiel ●.

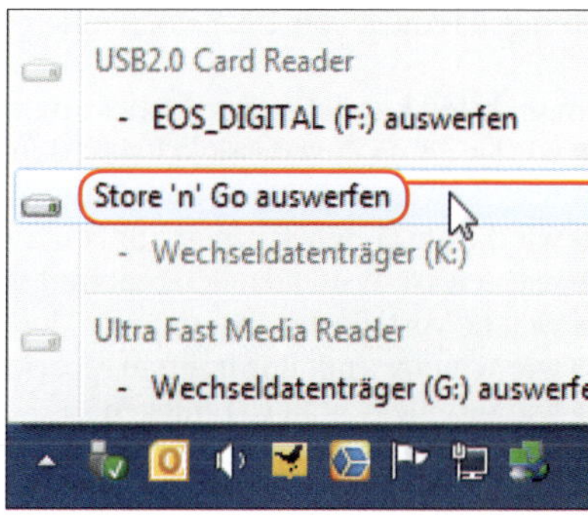

6 Windows 7 mit Bordmitteln reparieren

Solange Windows reibungslos funktioniert, ist die Welt in Ordnung. Doch wehe, der Rechner streikt, Windows lässt sich nicht mehr hochfahren oder es erscheinen Fehlermeldungen am laufenden Band! Die mit Abstand häufigste Ursache hierfür ist ein Virenbefall. Um **Viren** als Fehlerquelle auszuschließen, sollten Sie unbedingt einen Virenscanner installieren und Ihren Computer auf möglichen Virenbefall überprüfen. Wie das geht, lesen Sie im Tipp „Kostenlosen Virenscanner für Windows 7 nachrüsten" auf Seite 55.

Wenn Sie Viren als Ursache ausschließen können oder Windows auch nach erfolgreicher Virenentfernung noch nicht rund läuft, können Sie mit den Tipps dieses Kapitels weitere Rettungsversuche starten. Meist lässt sich das defekte Betriebssystem mit wenigen Handgriffen doch noch retten.

Im sechsten Kapitel dieses Buches erfahren Sie,
- wie Sie einen Zuverlässigkeitstest durchführen,
- wie das Wartungscenter beim Lösen von Problemen hilft,
- wie Sie die Ereignisanzeige zur Fehlersuche nutzen,
- wie defekte Systemdateien repariert werden,
- welche Vorteile der abgesicherte Modus bringt,
- wie Windows mit Bordmitteln repariert wird,
- wie Sie eine Notfall-CD anlegen
- und welche Rettungsmöglichkeiten die COMPUTER BILD-Notfall-CD bietet.

Kapitel-Wegweiser

Die Zuverlässigkeit von Windows 7 testen

Wie zuverlässig ist eigentlich mein Rechner? Wo gibt's Probleme? Welche Programme sind in letzter Zeit abgestürzt? Diese Fragen beantwortet Windows selbst. Mit einem versteckten Programm zur Zuverlässigkeitsüberwachung lässt sich herausfinden, welche Programme wann Fehler verursacht haben oder abgestürzt sind.

1 Um das Programm aufzurufen, klicken Sie als Erstes auf

und geben dann den Suchbegriff

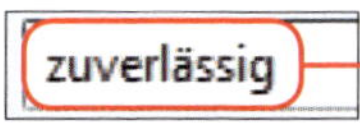

ein. Am oberen Rand des Startmenüs folgt ein Mausklick auf.

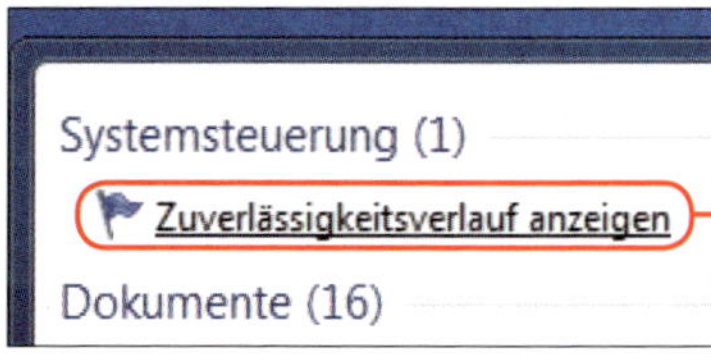

2 Anhand des Diagramms, das nun eingeblendet wird, erkennen Sie, wie stabil Windows in den letzten Tagen, Wochen und Monaten gelaufen ist. Über die Pfeilschaltflächen ❶ verschieben Sie die Zeitleiste. Ein gelbes Warndreieck ❷ kennzeichnet Warnungen, ein roter Kreis mit Kreuz ❸ zeigt, wann es Probleme gab. Hinter den blauen Symbolen ❹ verbergen sich lediglich Informationen.

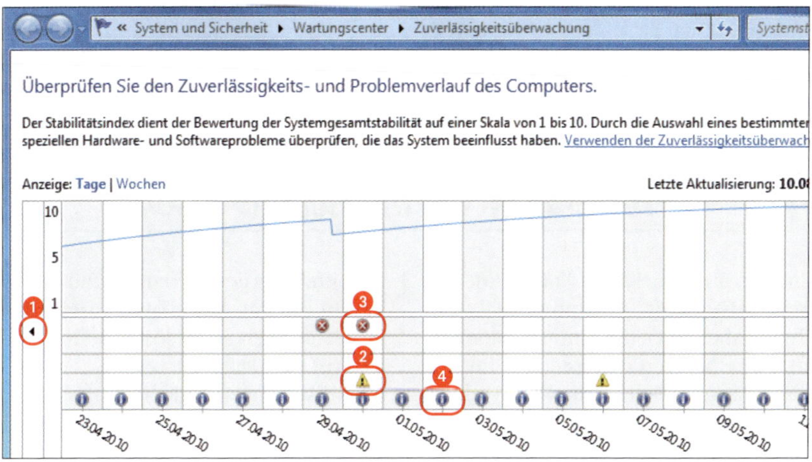

3 Wenn Sie auf eines der roten Kreuzsymbole klicken, zum Beispiel ●,

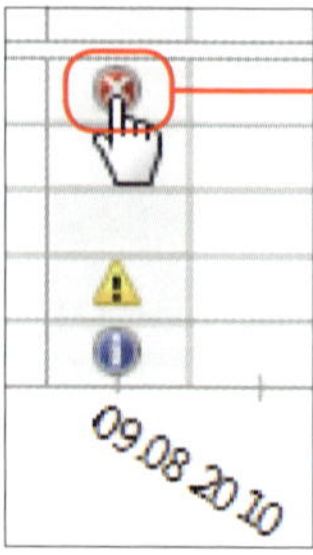

erscheint im unteren Fenster eine Liste der aufgetretenen Probleme.

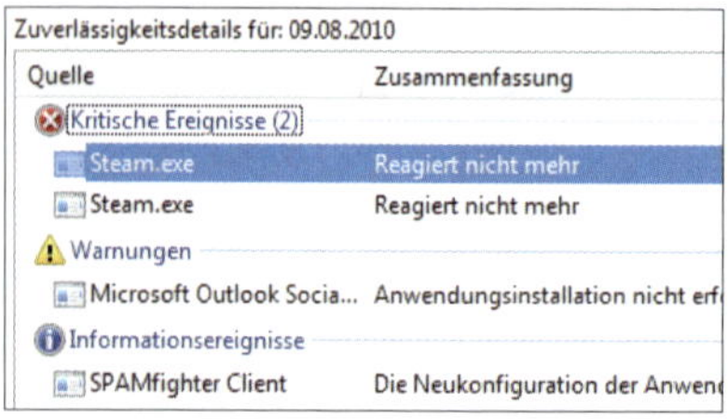

Damit können Sie ganz schnell herausfinden, welches Programm für Abstürze und Fehler verantwortlich ist. Falls Sie das problematische Programm nicht unbedingt benötigen, sollten Sie es vom Rechner entfernen.

4 Weiterführende Informationen zu einem Problem und mögliche Lösungen erhalten Sie per Klick auf ●.

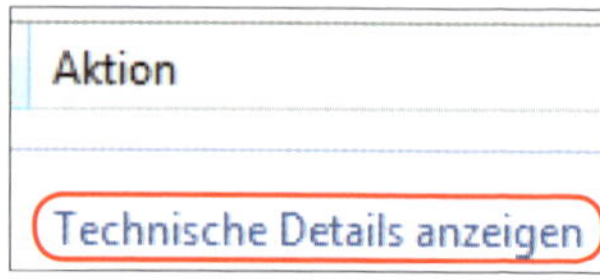

Im Fenster, das anschließend angezeigt wird, erfahren Sie, was genau wann schiefgegangen ist.

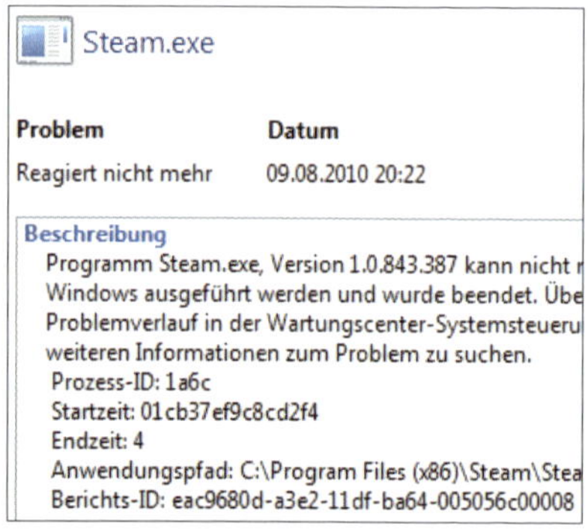

Probleme im Wartungscenter lösen

In den meisten Fällen läuft Windows sehr zuverlässig. Mitunter steckt der Teufel aber im Detail, und einzelne Programme bringen den Rechner ins Stocken. Wenn plötzlich die Netzwerkverbindung nicht mehr funktioniert oder das Lieblingsprogramm nicht mehr startet, bittet man gerne Freunde und PC-Experten um Rat. Dabei lassen sich viele Probleme auch selbst lösen. Denn Windows ist mit – leider gut versteckten – Problemlösungswerkzeugen ausgestattet. Wie der Zugriff darauf erfolgt, erfahren Sie im Folgenden:

1 Um zu den versteckten Problemlösern zu gelangen, öffnen Sie als Erstes die Systemsteuerung, indem Sie auf

und danach auf den Eintrag

klicken.

2 Anschließend folgt je ein Mausklick auf

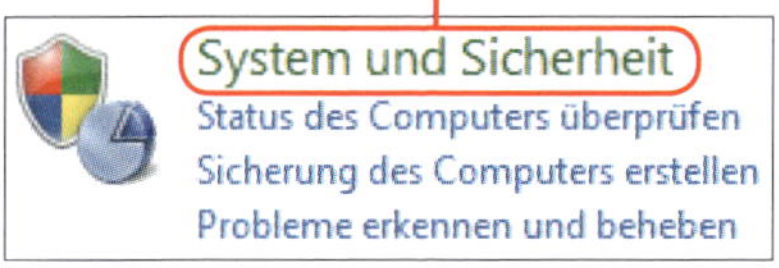

und

sowie .

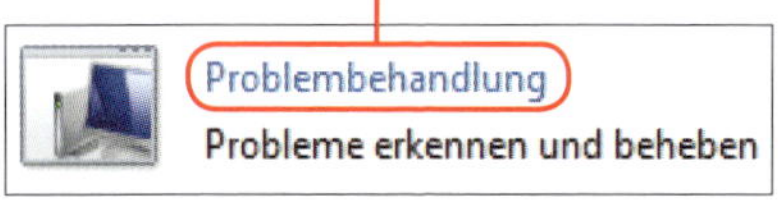

3 Wenn Sie im dann erscheinenden Fenster auf den Befehl .

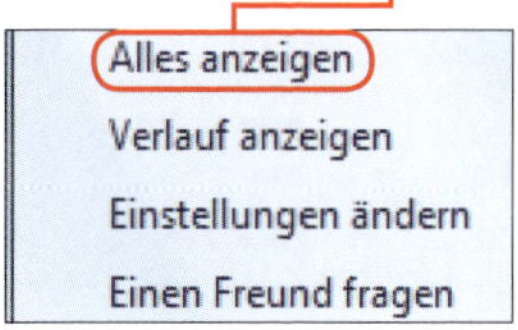

klicken, bekommen Sie Zugriff auf alle Problembehandlungswerkzeuge von Windows 7. Per Doppelklick - beispielsweise auf den Eintrag -

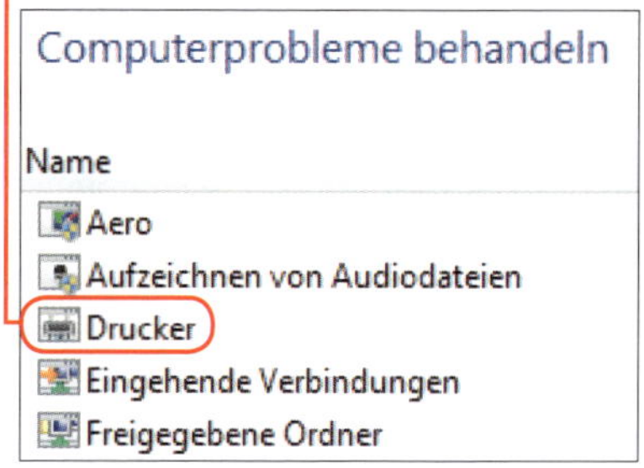

geht's zum jeweiligen Assistenten, der sich dem Problem annimmt und Sie Schritt für Schritt zur Lösung führt.

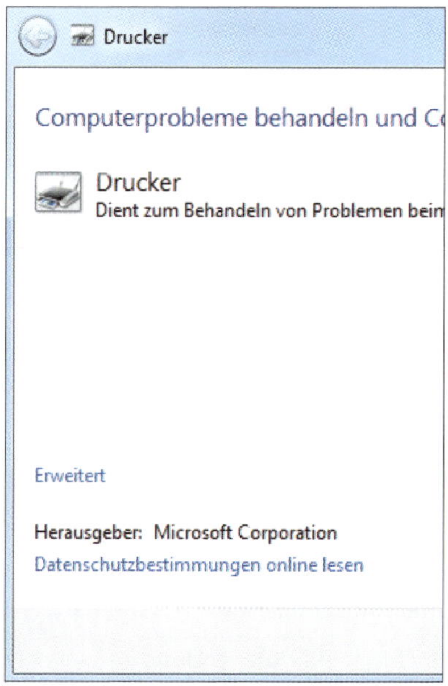

Fehler finden in der Ereignisanzeige

Wenn der Rechner Probleme bereitet, geht die Suche nach den Ursachen los. Woran es liegt, verrät ein Blick in das Logbuch von Windows. Hier notiert sich das Betriebssystem genau, was unter der Motorhaube passiert. Sobald Programme gestartet, Hardware genutzt oder Benutzer angemeldet werden, erfolgt ein neuer Eintrag ins Logbuch. Das gilt auch für Fehlermeldungen, Abstürze oder Hackerangriffe.

1 Um einen Blick ins Logbuch zu werfen, drücken Sie die **Tastenkombination** ⊞ + R, geben den Befehl

ein und klicken auf die Schaltfläche

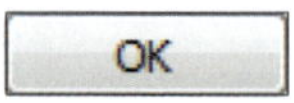

sowie zur Bestätigung der Sicherheitsabfrage auf

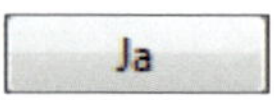

.

2 Im Fenster, das daraufhin angezeigt wird, sind alle Logdateien des Betriebssystems aufgeführt. Für Einträge zu Programmen klicken Sie erst doppelt auf

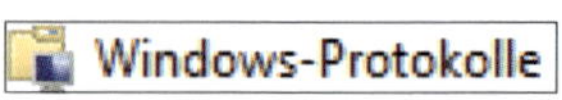

und dann einmal auf

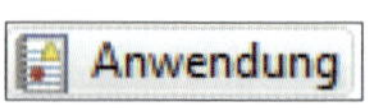

.

Einträge mit einem blauen Symbol sind allgemeine Informationen beispielsweise über den erfolgreichen Programmstart. Warnungen erhalten ein Ausrufezeichen im gelben Warndreieck,

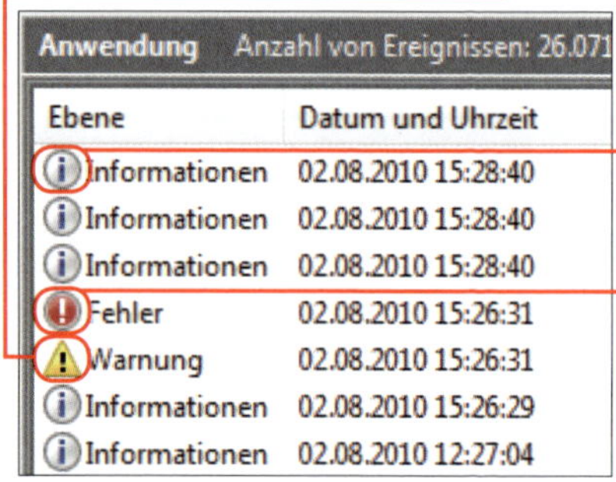

während kritische Fehler mit einem Ausrufezeichen in einem roten Kreis versehen sind.

3 Per Doppelklick auf einen der Einträge blendet Windows im unteren Teil des Fensters weitere Informationen zum jeweiligen Ereignis ein.

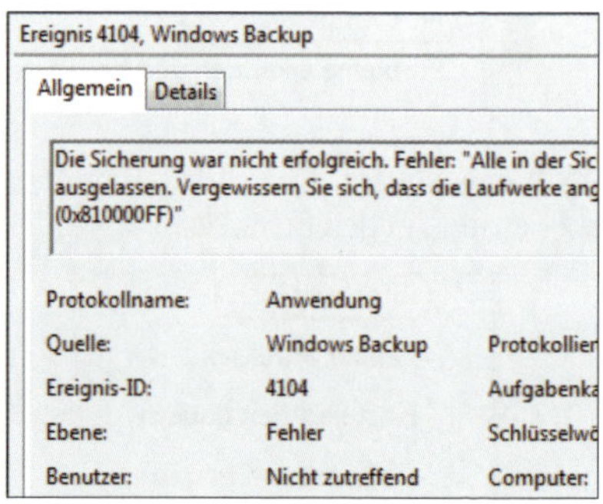

Defekte Systemdateien suchen und reparieren

Falls es häufiger zu Abstürzen kommt, sind meist beschädigte **Systemdateien** die Ursache. Zum Glück können Sie die defekten Systemdateien mit wenig Aufwand aufspüren und in einem Rutsch auch gleich reparieren.

1 Klicken Sie zunächst auf das Startsymbol

,

und geben Sie ins Suchfeld des geöffneten Startmenüs ● ein.

`cmd`

Anschließend klicken Sie oben im Startmenü mit der *rechten* Maustaste auf ●

Programme (1)

cmd

und wählen den Befehl

Als Administrator ausführen.

Die nachfolgende Sicherheitsabfrage beantworten Sie mit einem Mausklick auf

Ja.

2 Im Fenster, das nun erscheint, geben Sie den Befehl ●

`sfc /scannow`

ein und bestätigen Ihre Eingabe wie gewohnt mit der ↵-Taste. Windows überprüft daraufhin alle Systemdateien. Das kann je nach System einige Minuten bis zu einer Stunde dauern.

```
Überprüfungsphase der Systemsuche
Überprüfung 3 % abgeschlossen._
```

Sollte Windows auf ein Problem stoßen, folgen Sie einfach den Anweisungen des Assistenten, um die gefundenen Fehler direkt zu reparieren.

3 Sobald im Fenster die Meldung

```
Überprüfung 100 % abgeschlossen.
```

sichtbar wird, ist die Überprüfung und gegebenenfalls die Reparatur beendet. Geben Sie den Befehl ● ein, und drücken Sie die Taste ↵, um das Fenster zu schließen.

`exit`

Den abgesicherten Modus erzwingen

Wenn nichts mehr geht und der Rechner sich nicht mehr normal starten lässt, bleibt als letzter Rettungsanker der sogenannte **abgesicherte Modus**. Damit startet Windows in einer Minimalversion. In dieser Notversion lässt sich Windows zwar nicht wie gewohnt nutzen, Sie können aber zumindest störende Programme oder fehlerhafte Treiber entfernen.

1 Um Windows im abgesicherten Modus zu starten, fahren Sie Windows herunter und schalten den Rechner neu ein. Drücken Sie während des Startvorgangs mehrfach hintereinander die Taste F8, bis das Auswahlmenü

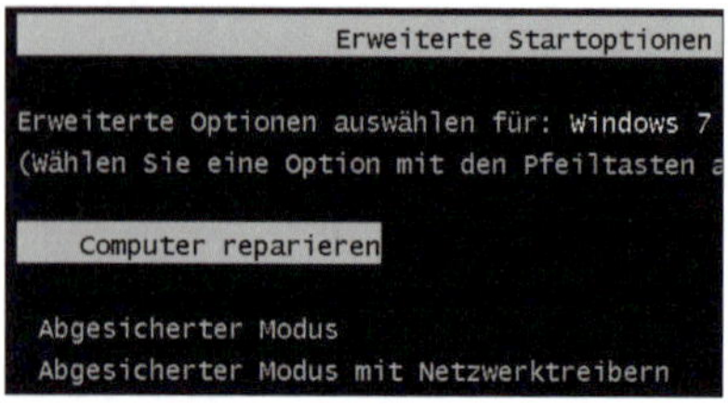

erscheint. Wählen Sie mit der Pfeiltaste ↓ den Eintrag

,

und drücken Sie die ↵-Taste. Windows startet daraufhin im abgesicherten Modus, erkennbar am schwarzen Hintergrund und dem Zusatz

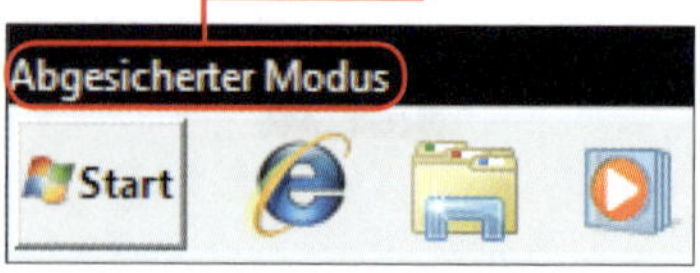

in den Bildschirmecken.

2 Sollte in Schritt 1 das Auswahlmenü nicht auftauchen und Windows normal durchstarten, können Sie den abgesicherten Modus für den nächsten Windows-Start erzwingen. Hierzu starten Sie Windows wie gewohnt und drücken die Tastenkombination ⊞ + R. Geben Sie den Befehl

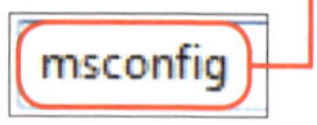

ein, und klicken Sie auf

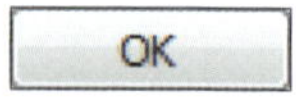

sowie zur Bestätigung der Sicherheitsabfrage auf die Schaltfläche

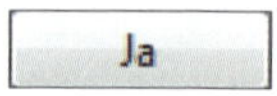

.

3 Anschließend holen Sie per Mausklick auf den Registerreiter

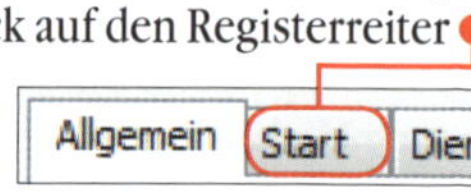

das entsprechende Fenster in den Vordergrund und setzen dort mit einem weiteren Klick einen Haken in das Kästchen.

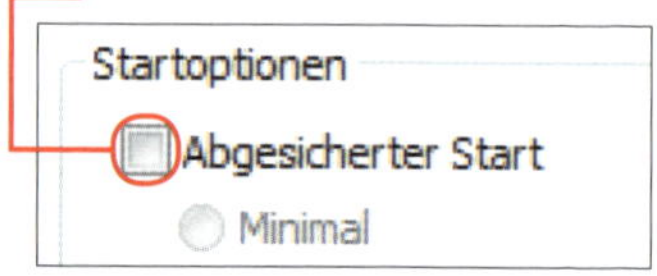

Danach klicken Sie auf

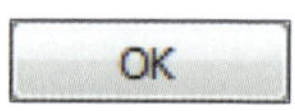

und starten den Rechner neu. Windows startet jetzt automatisch und ohne weiteres Zutun im abgesicherten Modus.

4 Wenn Sie mit der Arbeit im abgesicherten Modus fertig sind und zum Beispiel eine fehlerhafte Anwendung deinstalliert haben, müssen Sie Windows so einstellen, dass es wieder normal startet. Hierzu wiederholen Sie die Schritte 2 und 3, entfernen dabei aber das Häkchen im Kästchen ●.

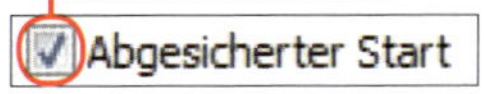

Notfall-CD für die Systemwiederherstellung anlegen

Um für den Notfall gerüstet zu sein, sollten Sie schnellstmöglich (am besten solange Windows noch läuft) eine Rettungs-CD anlegen. Damit können Sie den Rechner im Notfall starten und wieder reparieren.

1 Um die Notfall-CD zu brennen, legen Sie einen leeren Rohling in den CD/DVD-Brenner ein. Danach öffnen Sie per Klick auf

sowie den Eintrag

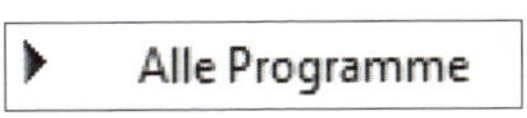

das Programmmenü und klicken darin erst auf ● und dann auf ●.

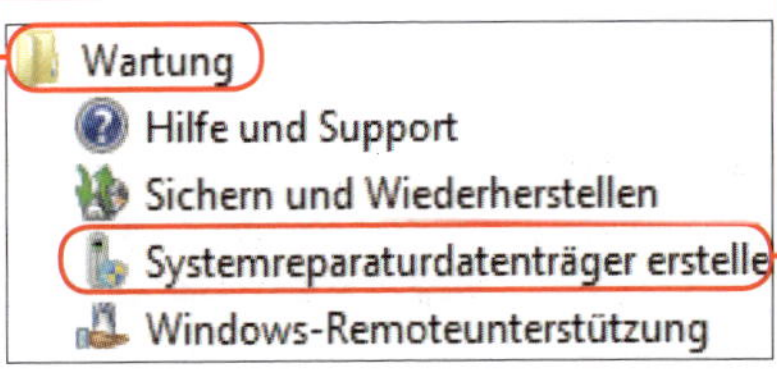

Die Sicherheitswarnung bestätigen Sie mit einem Mausklick auf

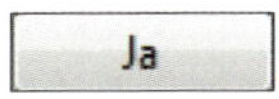

.

2 Wählen Sie das Brennerlaufwerk aus, zum Beispiel ●, und klicken Sie anschließend auf die Schaltfläche ●.

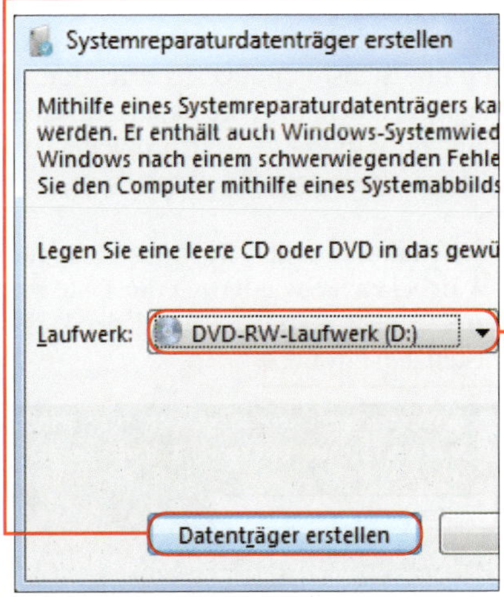

Windows macht daraufhin aus dem eingelegten Rohling eine Notfall-CD.

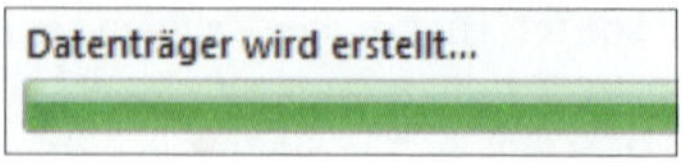

3 Sobald auf dem Bildschirm die Meldung

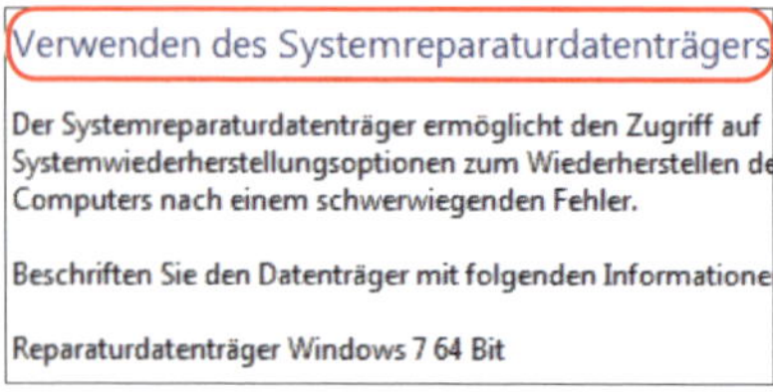

erscheint, ist der Brennvorgang abgeschlossen. Schließen Sie beide Fenster per Mausklick auf

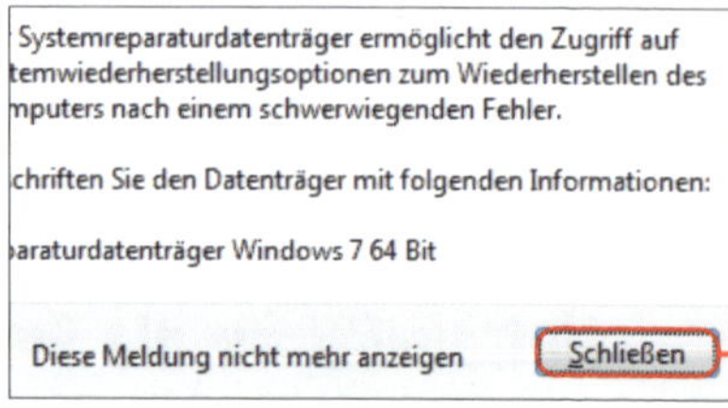

sowie auf die Schaltfläche

.

Wie Sie den Notfall-Datenträger nutzen, erfahren Sie im nächsten Tipp.

Defektes Windows mit Bordmitteln reparieren

Sollte Windows nicht mehr richtig starten und selbst der abgesicherte Modus nichts bringen, hilft die Reparaturfunktion von Windows 7. Startprobleme lassen sich damit am schnellsten lösen.

1 Schalten Sie den Rechner ein, und drücken Sie wiederholt die Taste F8. Im Startmenü markieren Sie mit den Pfeiltasten den Eintrag

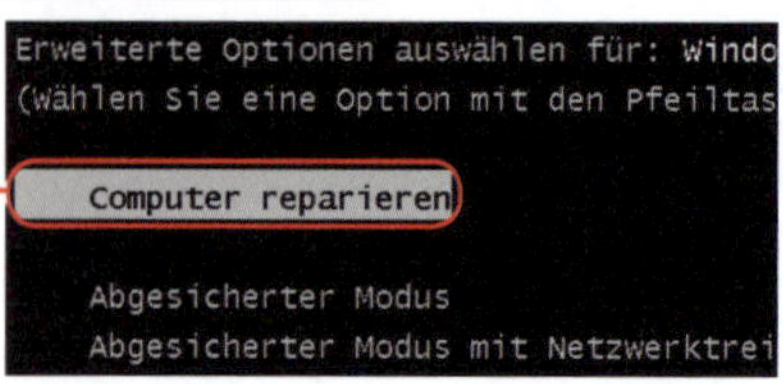

und drücken zur Bestätigung die Taste ↵.

2 Falls jetzt die Meldung

erscheint, ist die Reparatur nicht ohne CD/DVD möglich. In diesem Fall legen Sie die Notfall-CD (siehe vorigen Tipp) ein und starten den Rechner neu. Sobald die Meldung

eingeblendet wird, drücken Sie eine beliebige Taste. Kurze Zeit später erscheint das folgende Fenster.

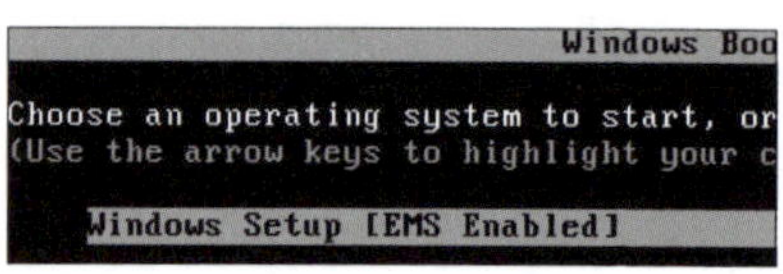

Um fortzufahren, drücken Sie die ↵-Taste. Im folgenden Fenster wählen Sie die Sprache und klicken dann einfach auf .

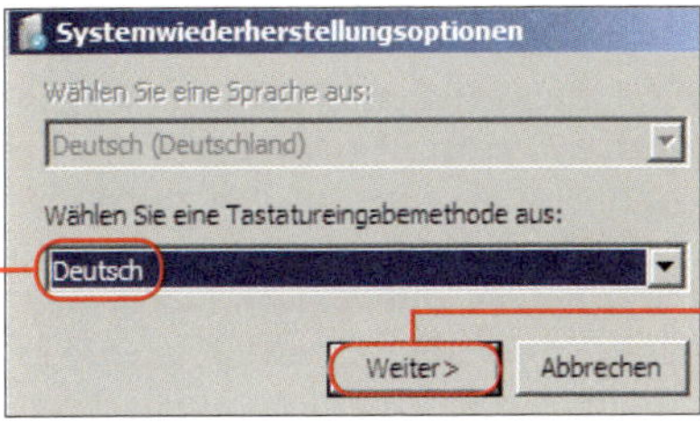

3 Im Reparaturprogramm haben Sie nun zwei Möglichkeiten:

■ Das Programm bietet eine Lösung an. In diesem Fall klicken Sie auf .

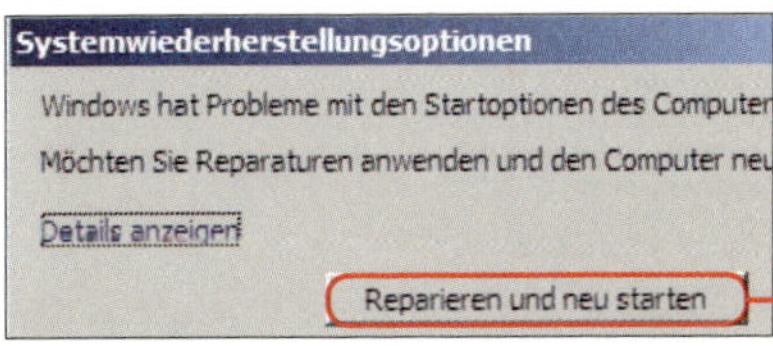

Meist funktioniert Windows danach wieder einwandfrei, und die Reparatur ist hier zu Ende.

■ Wenn das folgende Fenster erscheint ,

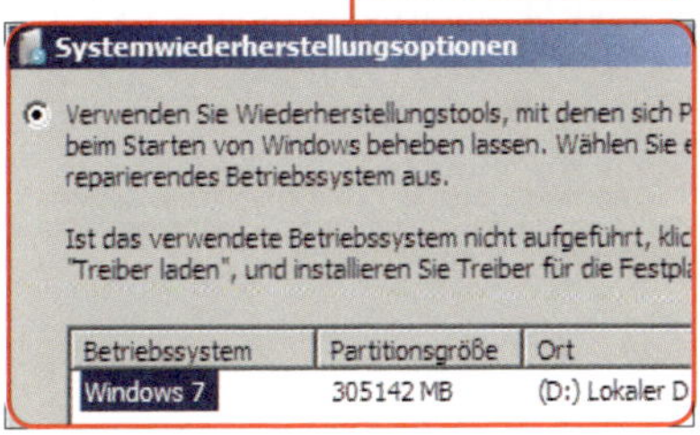

klicken Sie hingegen auf ,

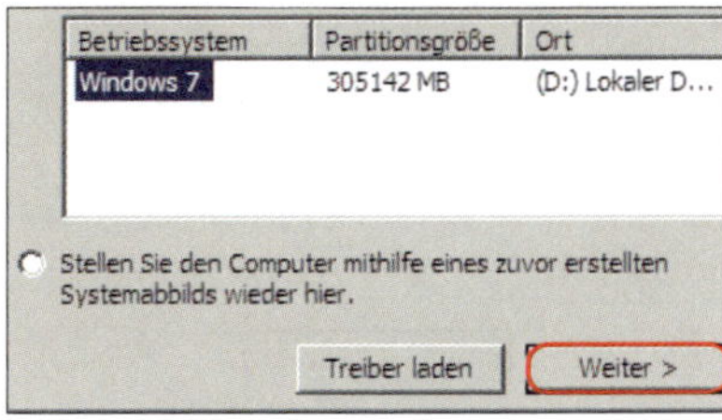

damit die Reparaturfunktionen angezeigt werden.

4 Klicken Sie in der Übersicht mit den Wiederherstellungstools auf .

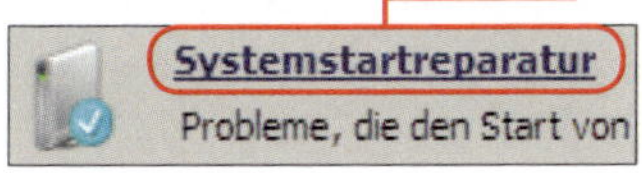

Danach sucht Windows nach möglichen Fehlern und behebt sie automatisch.

5 Startet Windows trotzdem nicht, wiederholen Sie die Anleitung, klicken in Schritt 4 aber auf ●.

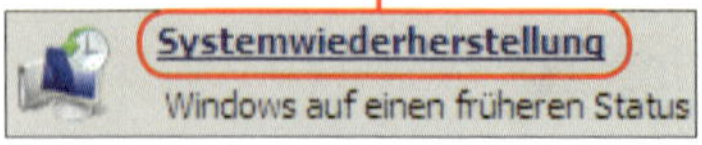

Bestätigen Sie das erste Fenster des Assistenten mit

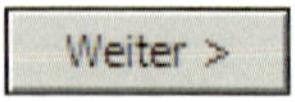

.

Danach wählen Sie einen Zeitpunkt aus, zu dem Windows noch lief, im Beispiel ●,

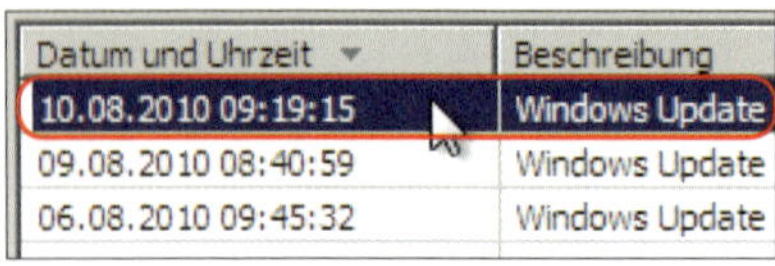

und klicken auf

.

6 Im Fenster, das abschließend erscheint, genügt ein Mausklick auf

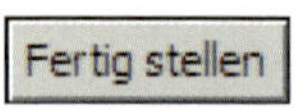

und im letzten auf die Schaltfläche ●.

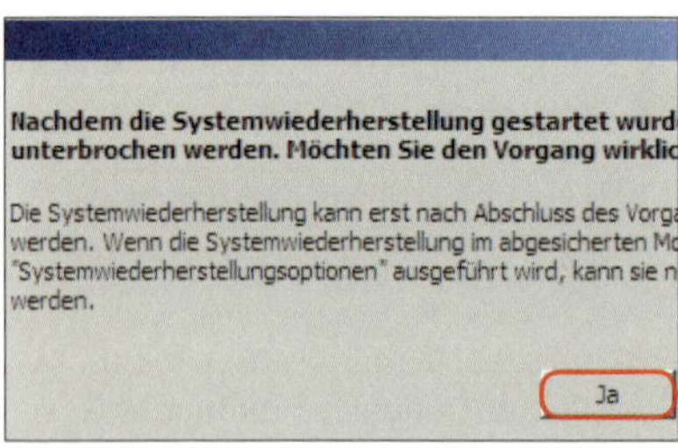

Windows beginnt daraufhin mit der Systemwiederherstellung, erkennbar an der entsprechenden Meldung ●.

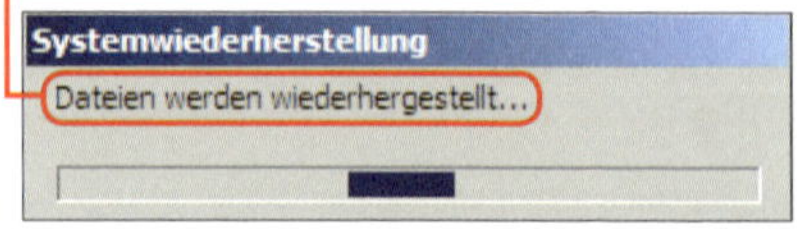

Die Systemwiederherstellung funktioniert wie eine Zeitmaschine. Das gesamte System wird auf den zuletzt gespeicherten Zustand „zurückgespult". Da Windows automatisch Sicherungspunkte anlegt, beispielsweise bei der Installation von Windows-Aktualisierungen, stehen die Chancen sehr gut, dass der Rechner nach der Wiederherstellung wieder wie gewohnt arbeitet.

7 Nachdem der Rechner wiederhergestellt wurde, entfernen Sie die CD aus dem Laufwerk und klicken auf die Schaltfläche ●.

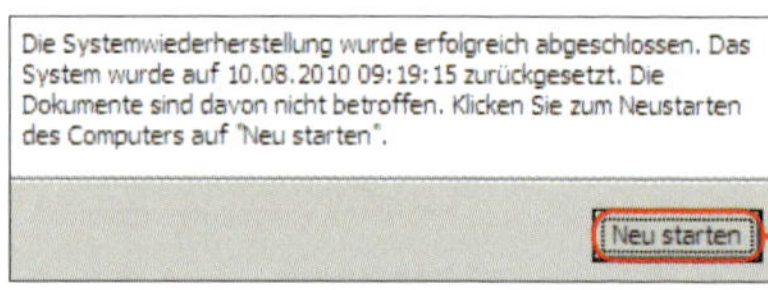

Beim nächsten Rechnerstart weist Windows noch einmal darauf hin, dass eine Systemwiederherstellung stattgefunden hat und der Rechner auf einen früheren Systemstand zurückgesetzt wurde. Bestätigen Sie die Meldung einfach per Klick auf ●.

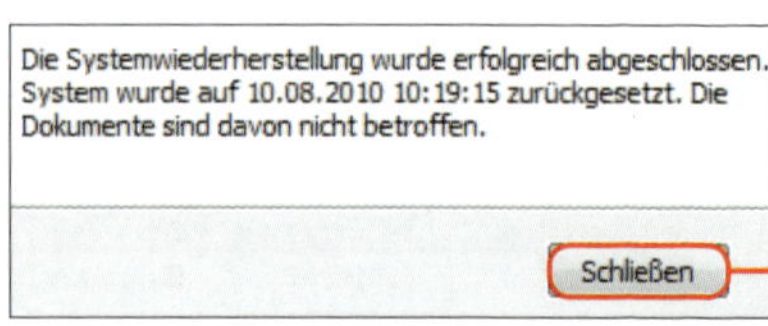

Windows mit COMPUTER BILD-Notfall-CD reparieren

Wenn selbst die Reparatur mit der Notfall-CD von Windows nicht mehr hilft und der Rechner danach immer noch nicht richtig startet, liegt vermutlich ein schwerwiegendes Problem vor. Mitunter wurde der Rechner von Schadprogrammen befallen, oder die Festplatte ist defekt. Für solch hartnäckige Fälle gibt es die Notfall-CD von COMPUTER BILD mit weiteren Reparatur- und Datenrettungswerkzeugen.

1 Zuerst laden Sie eine Kopie der COMPUTER BILD-Notfall-CD aus dem Internet herunter (siehe Kasten auf Seite 100) und erzeugen aus der ISO-Datei eine CD. Wie das geht, erfahren Sie im Tipp „Mit Bordmitteln ISO-Dateien auf einen Rohling brennen“ ab Seite 99.

2 Legen Sie die so erstellte COMPUTER BILD-Notfall-CD ins CD/DVD-Laufwerk Ihres Computers ein, und starten Sie den Rechner neu. Sobald die Meldung

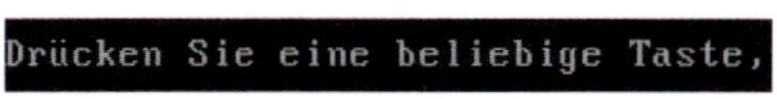

auf dem Bildschirm erscheint, drücken Sie eine beliebige Taste. Der Rechner startet jetzt wunschgemäß nicht von der Festplatte, sondern von der eingelegten CD. Dies dauert etwas länger als beim Festplattenstart. Im Auswahlmenü markieren Sie mit der Maus oder den Pfeiltasten der Tastatur den Eintrag

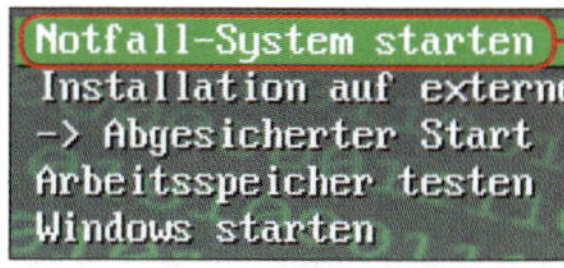

und drücken die ↵-Taste. Danach folgt ein Mausklick auf die Schaltfläche.

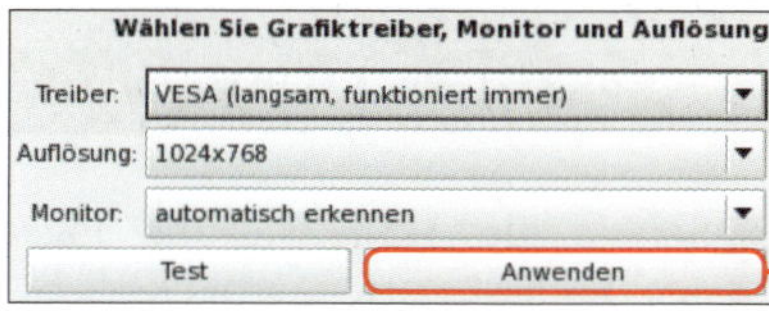

3 Auf dem Startbildschirm des Notfall-Systems finden Sie zahlreiche Reparatur- und Analysewerkzeuge. Um zum Beispiel den Rechner auf Virenbefall zu überprüfen, klicken Sie doppelt auf.

Bestätigen Sie die nachfolgende Meldung mit

,

damit die aktuellen Vireninformationen aus dem Internet heruntergeladen werden.

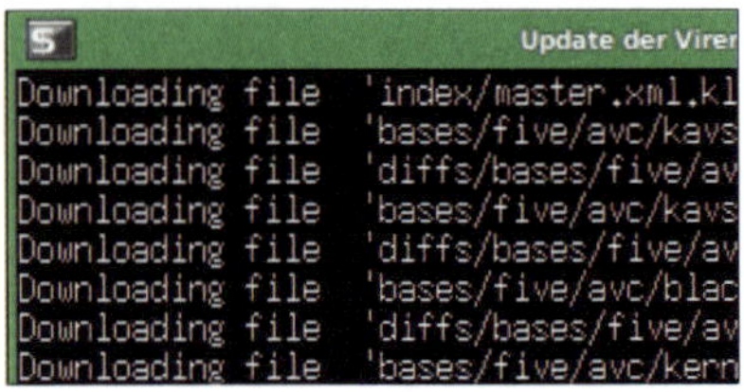

4 Sobald die Aktualisierung abgeschlossen ist, starten Sie per Klick auf

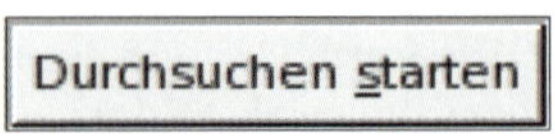

die Suche nach Viren und anderen Schädlingen. Je nach Festplattengröße kann der Vorgang mehrere Minuten bis Stunden dauern. Erscheint zum Schluss die Meldung ●, konnte das Antivirenprogramm keine Schädlinge finden. Mit ●

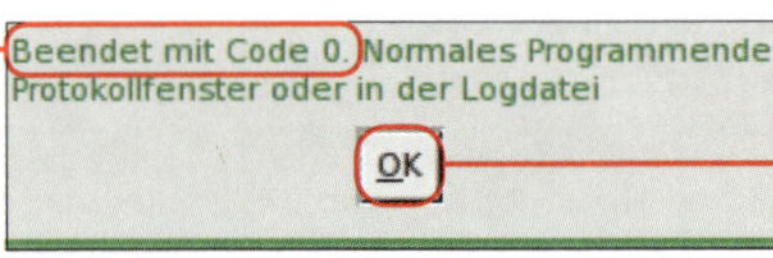

beenden Sie das Programm.

5 Um die Festplatte auf Fehler zu prüfen, klicken Sie doppelt auf ●,

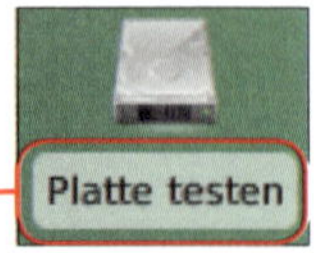

markieren die Festplatte, die kontrolliert werden soll, etwa ●,

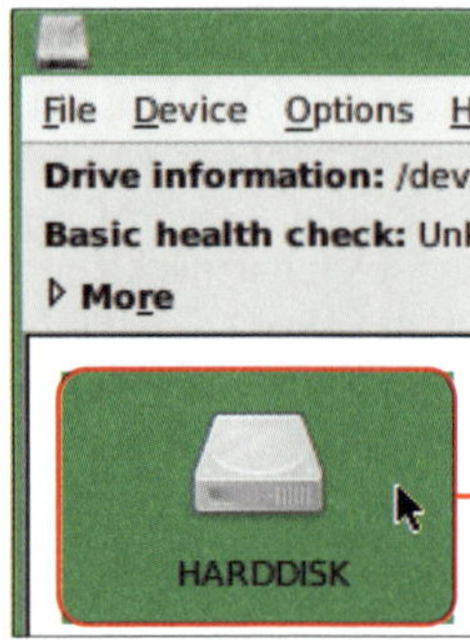

,

und drücken die Tastenkombination [Strg] + [T].

6 Weitere Informationen und Anleitungen rund um die COMPUTER BILD-Notfall-CD finden Sie nach einem Doppelklick auf ●

oder auf der Internetseite **computerbild.de** unter dem Web-Code „10759" (siehe Seite 100).

So sind auf der entsprechenden Internetseite im Anschluss an die Kurzbeschreibung der Notfall-CD weiter unten zahlreiche Verknüpfungen aufgelistet,

die Sie einfach anklicken können ●,

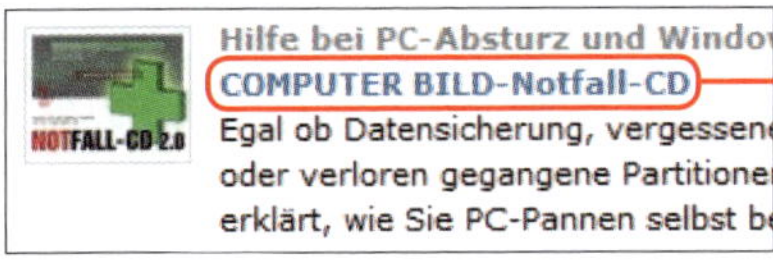

um zum angegebenen Thema Informationen und Anleitungen zu erhalten.

7 Nachdem die Reparatur abgeschlossen ist, klicken Sie zum Neustart auf das Symbol ●

unten rechts in der Startleiste und dann auf ●.

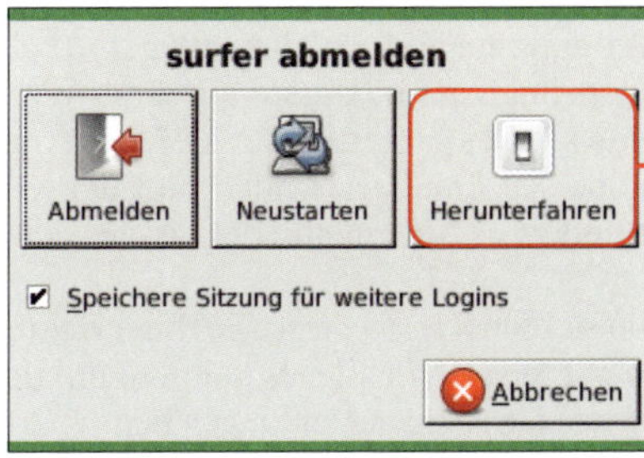

Wenn der Rechner heruntergefahren wurde, entfernen Sie die Notfall-CD aus dem Laufwerk und starten den Rechner neu.

7 Programme unter Windows 7

Windows 7 ist bereits von Haus aus mit einer Reihe nützlicher Programme ausgestattet. Aber nicht jeder braucht das Windows Media Center oder anderes Zubehör. Wer Platz sparen möchte, kann überflüssige Windows-Funktionen abschalten und komplett vom Rechner entfernen (und dann später bei Bedarf wieder hinzufügen). Auch Programme anderer Hersteller sind schnell ergänzt. Selbst ältere Programme, die ursprünglich für frühere Windows-Versionen entwickelt wurden, laufen unter Windows 7. Das garantiert der XP-Modus, der innerhalb von Windows 7 ein echtes Windows XP simuliert. Leider fehlt der XP-Modus in der Home-Premium-Version von Windows 7. Mit einem Trick lässt er sich kostenlos nachrüsten.

Im siebten Kapitel dieses Buches erfahren Sie,
- wie Sie überflüssige Windows-Funktionen abschalten,
- wie die lästigen Meldungen beim Installieren älterer Programme nicht mehr erscheinen,
- wie sich Programme ganz schnell mehrfach starten lassen
- und wie Sie den fehlenden XP-Modus für Windows 7 Home Premium umsonst nachinstallieren.

Kapitel-Wegweiser

Programme und Funktionen abschalten

Windows 7 liefert eine Menge Zusatzprogramme mit. Aber nicht jeder braucht tatsächlich jedes Programm. Wer überflüssige Zusatzfunktionen loswerden und damit Festplattenplatz sparen möchte, kann bestimmte Windows-Funktionen einfach abschalten.

1 Um Windows schlanker zu machen, klicken Sie nacheinander auf

,

sowie ●

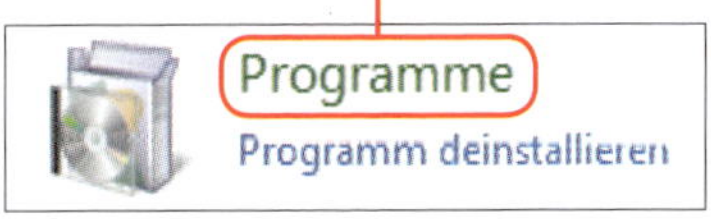

und den Befehl

.

Die Sicherheitswarnung bestätigen Sie wie gewohnt per Klick auf

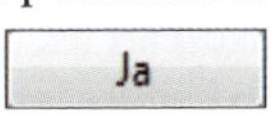

.

2 Suchen Sie in der Liste das Programm oder die Funktion, die Sie nicht brauchen. Um zum Beispiel das Windows Media Center zu löschen, klicken Sie zunächst auf das Pluszeichen ●.

Danach entfernen Sie per Mausklick in das Kästchen ●

den Haken und schließen die folgende Warnmeldung per Klick auf ●.

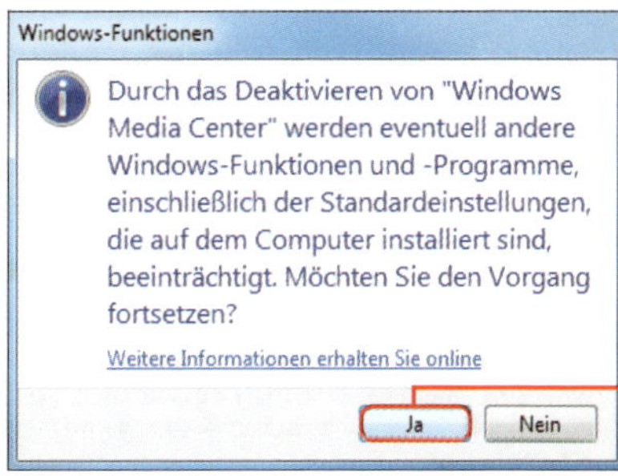

3 Nach einem Mausklick auf die Schaltfläche

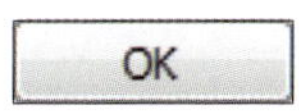

löscht Windows das Programm vom Rechner.

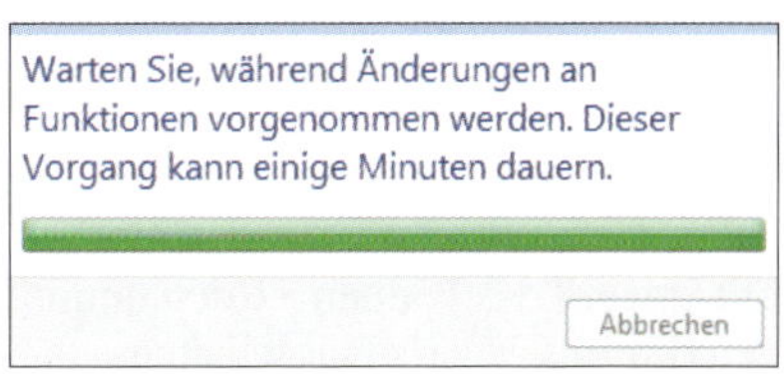

Zum Abschluss müssen Sie noch auf die Schaltfläche

Jetzt neu starten

klicken, um das Betriebsprogramm Windows neu zu starten.

4 Falls Sie das Windows Media Center später doch wieder brauchen, wiederholen Sie diesen Tipp, setzen in Schritt 2 per Klick aber erneut einen Haken vor ●.

Windows Media Center

Nervige Meldungen bei Programminstallationen abschalten

Wenn Sie unter Windows 7 ältere Programme installieren, die für frühere Windows-Versionen entwickelt wurden, erscheint während der Installation mitunter eine Fehlermeldung.

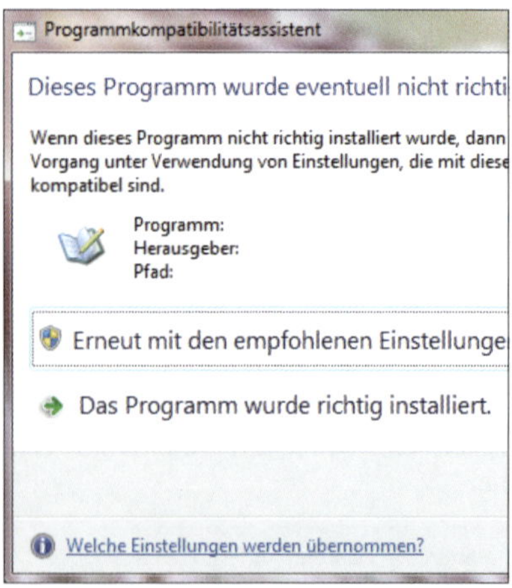

Die Meldung taucht selbst dann auf, wenn die Installation reibungslos klappt. Mit einem Trick können Sie den unnötigen Hinweis dauerhaft abschalten.

1 Nach einem Mausklick auf das Startsymbol

geben Sie ins Suchfeld den Begriff ●

services.msc

ein und drücken die ↵-Taste. Die Sicherheitswarnung, die daraufhin erscheint, beantworten Sie per Klick auf die Schaltfläche

Ja.

2 In der alphabetisch sortierten Liste, die nun angezeigt wird, klicken Sie doppelt auf den Eintrag

Programmkompatibilitäts-Assistent-Dienst.

Damit der **Dienst**, der für die Fehlermeldung verantwortlich ist, beendet wird, klicken Sie im nächsten Fenster auf den

Befehl ●.

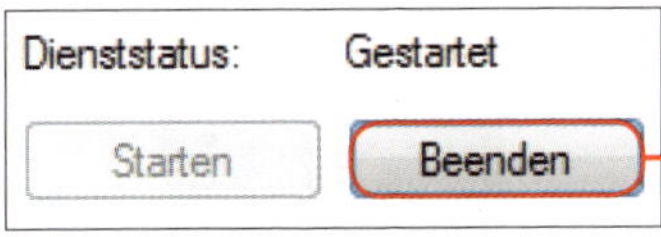

3 Um sicherzustellen, dass er künftig nicht mehr automatisch mit Windows startet, klicken Sie dann auf ●

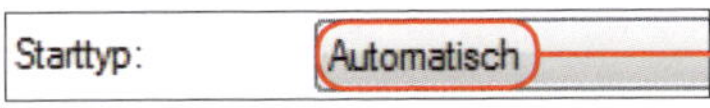

und in der sich öffnenden Auswahlliste auf den Eintrag ●.

Zu guter Letzt reicht wieder je ein Mausklick auf

und auf das Schließkreuz

.

Programme mehrfach aus der Startleiste öffnen

Wenn Sie ein Programm starten wollen, für das es in der Startleiste ein eigenes Symbol gibt, müssen Sie nur auf das entsprechende Programmsymbol klicken, beispielsweise ●.

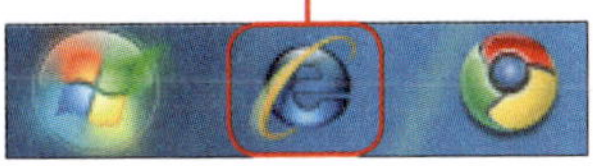

Daraufhin erscheint ein Rahmen ●

um das Symbol, womit signalisiert wird, dass das Programm bereits läuft. Doch was tun, wenn Sie dasselbe Programm noch einmal starten möchten, um zum Beispiel mit zwei Internet-Explorer-Fenstern parallel zu arbeiten? Wenn Sie erneut auf das Symbol klicken, wird lediglich zum bereits geöffneten Fenster gewechselt. Für den Mehrfach-Start eines Programms gibt es zwei pfiffige Tricks:

1 Um ein bereits laufendes Programm ein zweites Mal zu starten, müssen Sie das entsprechende Symbol normalerweise mit der *rechten* Maustaste anklicken und im aufklappenden Menü auf den Programmnamen klicken, zum Beispiel ●.

2 Schneller geht's, wenn Sie die ⇧-Taste gedrückt halten und mit der linken Maustaste auf das Programmsymbol klicken. Und noch einfacher ist es, mit der mittleren Maustaste (der Mausradtaste) auf das Symbol zu klicken.

In beiden Fällen startet Windows das Programm ein weiteres Mal. Diesen Vorgang können Sie beliebig oft wiederholen und auf diese Weise ganz nach Bedarf ein drittes oder viertes Fenster öffnen. Ein doppelter oder mehrfacher Rahmen

signalisiert, dass das jeweilige Programm mehrfach gestartet wurde.

Programme per Tastenkombination als Administrator starten

Viele ältere Programme, die für frühere Windows-Versionen entwickelt wurden, müssen im sogenannten **Administrator**modus gestartet werden. Nur dann laufen sie reibungslos.

1 Normalerweise wird der Administratormodus gestartet, indem Sie im Startmenü mit der *rechten* Maustaste auf das Programmsymbol klicken, etwa

, und im aufklappenden Menü den Befehl

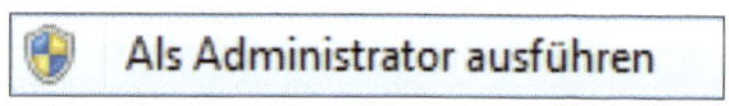

wählen.

2 Mit einem einfachen Tastentrick geht's erheblich schneller: Um Programme sofort als Administrator zu starten, halten die die Tasten Strg und ⇧ gedrückt und klicken auf das jeweilige Programmsymbol.

Windows XP für Windows 7 Home Premium gratis nachrüsten

In den teuren Professional-, Ultimate- oder Enterprise-Versionen von Windows 7 ist ein **virtueller** PC mit dem sogenannten XP-Modus enthalten. Damit lässt sich innerhalb von Windows 7 ein Windows-XP-Rechner simulieren, auf dem alte XP-Programme garantiert fehlerfrei laufen. Gestartet wird der XP-Modus wie folgt:

Klicken Sie zunächst auf

,

dann auf

Alle Programme,

im geöffneten Programmmenü auf

Windows Virtual PC

und anschließend auf

Windows XP Mode,

damit der virtuelle Windows-XP-PC in einem eigenen Programmfenster gestartet wird. Allerdings gibt es die Befehle nur bei den oben genannten Windows-Versionen – und nicht bei Windows 7 Home Premium und Windows 7 Starter. Mit einem Trick lässt sich das Zweit-Windows aber kostenlos nachrüsten:

1 Rufen Sie als Erstes die Internetseite **download.microsoft.com** (ohne www.) auf, tippen Sie dann in das Suchfeld

Windows XP Mode

ein, und drücken Sie die ↵-Taste. Danach klicken Sie auf

Windows XP Mode
Windows XP Mode for Windows 7
productivity programs that run on

und stellen die angezeigte Sprache per Klicks auf

Language: English,

German

sowie

Change

auf Deutsch um.

2 Damit Microsoft Ihre Windows-Lizenz prüfen kann, klicken Sie nun auf die Schaltfläche.

Weiter Gültigkeitsprüfung erforderlich

Anschließend folgt je ein Mausklick erst auf

Diese Website möchte das folgende Add-On in
die Installation zulassen möchten...,

dann auf den Befehl

Dieses Add-On für alle Benutzer des Computers

und schließlich auf die Schaltfläche

Ja.

3 Im Fenster, das daraufhin erscheint, klicken Sie unten auf der Seite auf die Schaltfläche

Dateiname:	Dateigröße	
WindowsXPMode_de-de.exe	464.1 MB	Download

und danach auf

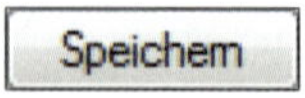

.

Jetzt wählen Sie einen Speicherort aus, zum Beispiel

,

bevor Sie ein weiteres Mal auf

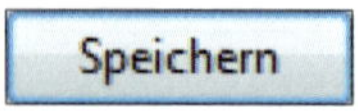

klicken.

4 Da der XP-Modus eigentlich nur für die Professional-, Ultimate- oder Enterprise-Versionen von Windows gedacht ist, brauchen Sie ein Zusatzprogramm namens „VMLite“. Dieses erhalten Sie kostenlos im Internet. Rufen Sie die Internetseite **www.vmlite.com** auf, und klicken Sie dort erst auf

sowie dann auf

.

5 Registrieren Sie sich beim Hersteller, und melden Sie sich an. Per Klick auf

laden Sie das Gratisprogramm aus dem Internet und starten die Installation.

Folgen Sie während der Installation einfach den Anweisungen des Assistenten. Mitunter melden sich währenddessen Windows und Ihr Virenschutzprogramm. Bestätigen Sie die Installation dann mit Klicks auf

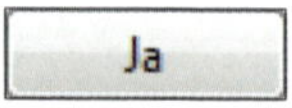

beziehungsweise

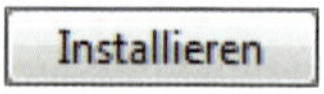

.

6 Nach Abschluss der VMLite-Installation starten Sie den Einrichtungsassistenten, indem Sie als Erstes auf

und dann mit der *rechten* Maustaste auf

klicken. Aus dem aufklappenden Menü wählen Sie den Befehl ●.

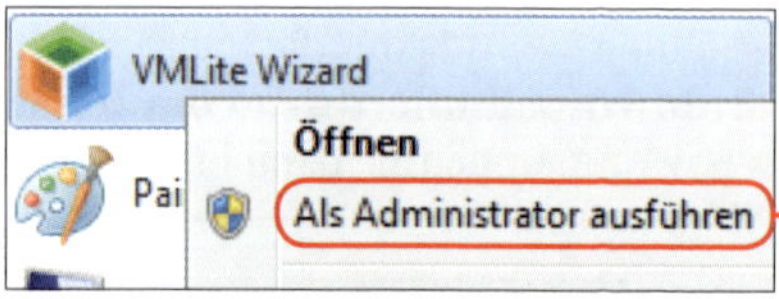

7 Im Einrichtungsassistenten klicken Sie zunächst auf ●

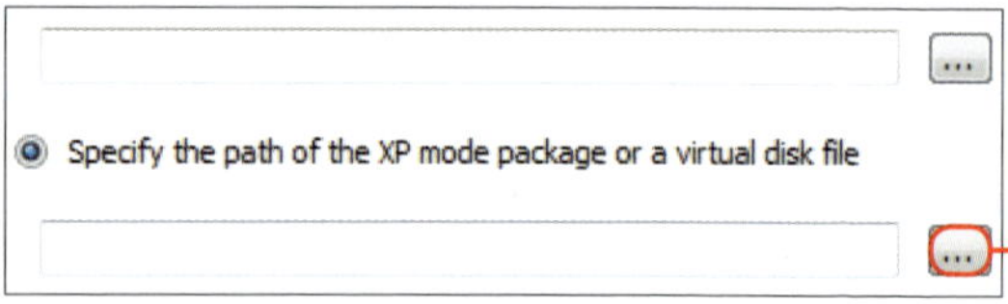

und wählen dann die in Schritt 3 überspielte Datei aus, hier mit einem Mausklick auf

und einem Doppelklick auf

.

Anschließend klicken Sie zweimal auf

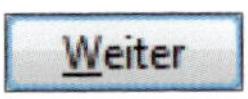

.

8 Nun müssen Sie noch die Windows-XP-Lizenzbedingungen bestätigen. Setzen Sie dazu per Klick in das Kästchen

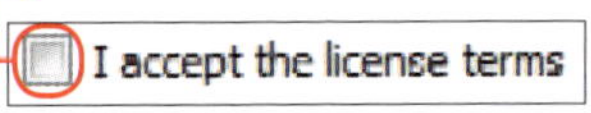

ein Häkchen, und klicken Sie erneut auf

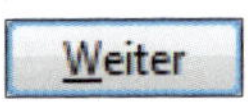

.

9 Im Fenster, das als Nächstes angezeigt wird, tippen Sie in die beiden Eingabefelder

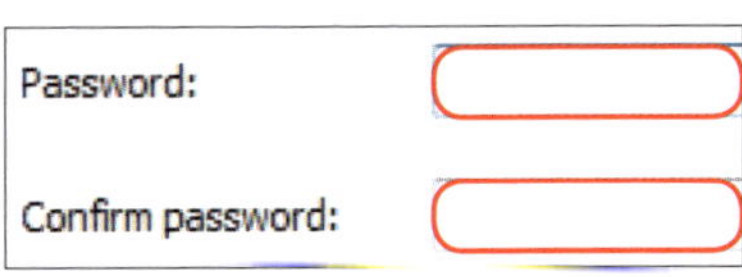

identisch ein frei wählbares XP-Kennwort ein und schließen die Einrichtung dann mit zwei Mausklicks auf

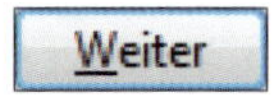

und einem Klick auf

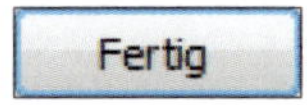

ab.

10 Jetzt können Sie den XP-Modus jederzeit per Doppelklick auf

starten. Die XP-Arbeitsoberfläche erscheint daraufhin als eigenes Fenster in Windows 7.

Im simulierten XP-Rechner können Sie wie mit einem normalen XP-Computer arbeiten und Programme installieren und starten. Auch das Surfen im Internet funktioniert, da der virtuelle Rechner die Internetverbindung Ihres Computers mitnutzt.

11 Wenn Sie möchten, dass die auf der XP-Arbeitsoberfläche gestarteten Programme direkt auf der Arbeitsoberfläche des Hauptcomputers erscheinen, halten Sie die *rechte* [Strg]-Taste gedrückt und tippen auf [L]. Das virtuelle Windows XP rückt dann in eine zweite Startleiste ●,

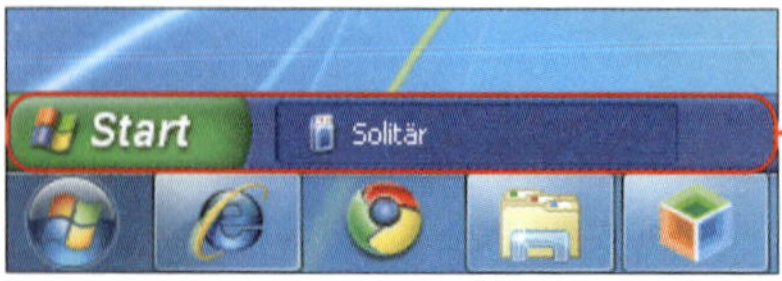

und die XP-Fenster erscheinen nahtlos neben den Fenstern der Windows-7-Programme. Mit derselben Tastenkombination wechseln Sie wieder zurück zum normalen Modus.

■ Mit der **Tastenkombination** *rechte* [Strg]-Taste + [F] schalten Sie den XP-Vollbildmodus ein oder aus.

12 Wenn Sie die Arbeit mit dem virtuellen XP beenden wollen, klicken Sie nacheinander auf

,

und

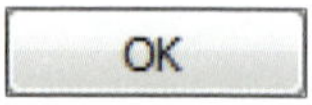

.

Damit XP beim nächsten Mal schneller startet, können Sie den virtuellen Modus auch per Klick auf ●

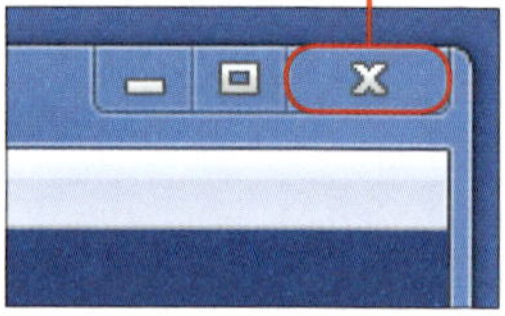

beenden. Das virtuelle Windows XP wird dann nicht komplett heruntergefahren, sondern nur in den Ruhezustand versetzt.

Was ist eigentlich ...?

Abgesicherter Modus
Wenn Windows Startprobleme aufweist oder Konfigurationen an Dateien vorgenommen werden sollen, die Windows normalerweise während seines Betriebs sperrt, können Sie den PC im abgesicherten Modus starten. Dazu drücken Sie nach dem Einschalten des PCs vor dem Start von Windows die F8-Taste (sicherheitshalber mehrfach). Im Auswahlmenü steht auch der abgesicherte Modus als Startoption zur Verfügung. Im abgesicherten Modus schränkt Windows seinen Betrieb auf die grundlegenden Funktionen ein. Das hat den Vorteil, dass Sie Änderungen vornehmen können, ohne durch Gerätetreiber oder im Hintergrund laufende Programme daran gehindert zu werden.

Active-X-Steuerelemente
Active-X ist ein Programmierwerkzeug von Microsoft, das vor allem beim Programmieren von Internetseiten zum Einsatz kommt. Über Active-X lassen sich dynamische Inhalte wie Kalender oder kleine Spiele realisieren. Auch die Aktualisierungsfunktion von Windows (Windows Update) nutzt Active-X, um zu ermitteln, welche Aktualisierungen bereits auf Ihrem Computer installiert sind und welche fehlen.

Administrator
Als Administrator bezeichnet man Anwender, deren → Benutzerkonto mit Administratorrechten ausgestattet ist. Nur wer über diese Administratorrechte verfügt, darf das Betriebsprogramm konfigurieren, Anwendungen installieren und Zugriffe auf Dateien, Ordner und im Netzwerk freigeben. In Situationen, die kritische Auswirkungen haben könnten – beispielsweise bei der Installation von Programmen –, fordert Windows den Anwender auf, sich als Administrator auszuweisen. Die Freischaltung erfolgt erst mit dem Namen des Administratorkontos und dem dazugehörigen Kennwort. Tatsächlich liegt in der Beschränkung der Rechte eine Schutzmaßnahme, da so die verhindert wird, dass jeder Anwender willkürlich Windows konfiguriert und vor allem Programme installiert, deren Gefahrenpotential er nicht einschätzen kann.

Aero-Oberfläche
Als Aero bezeichnet Microsoft die optischen Effekte der Windows-Oberfläche. Dazu gehören zum Beispiel durchsichtige Fenster

oder leuchtende Schaltflächen.

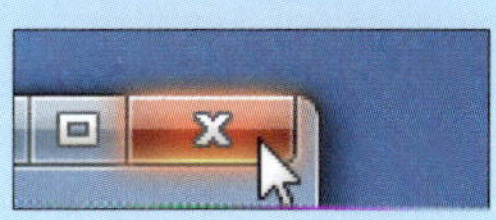

Was ist eigentlich ...?

Um Aero nutzen zu können, benötigen Sie eine leistungsstarke 3D-Grafikkarte.

Arbeitsoberfläche

Die Arbeitsoberfläche von Windows – üblicherweise als Desktop bezeichnet – ist der Bereich, der beim Drücken der Tastenkombination ⊞ + D erscheint: der Windows-Hintergrund ohne Fenster. Auf dem virtuellen Schreibtisch liegt zum Beispiel der Papierkorb.

Hier können aber auch andere Symbole für Programme oder Dateien abgelegt werden.

Auflösung

Das Bild auf einem Bildschirm setzt sich aus einzelnen Punkten (Pixeln) zusammen. Je höher die Anzahl der Punkte (Auflösung), desto mehr Details können angezeigt werden. Bei gleicher Bildschirmgröße sind die Elemente aber auch kleiner.

AutoVervollständigen-Funktion

Mit der AutoVervollständigen-Funktion merken sich Windows und einige Programme, welche Daten bereits zuvor in Eingabefelder eingetragen wurden. Das ist zum Beispiel bei Internetadressen sehr praktisch: Bei der Eingabe der Internetadresse erscheint während der Eingabe eine kleine Liste mit allen gleich lautenden Adressen, die Sie schon einmal besucht haben.

Benutzerkontensteuerung

Die Benutzerkontensteuerung ist eine Sicherheitsfunktion von Windows 7. Sobald ein Programm heimlich sicherheitsrelevante Funktionen ändern und zum Beispiel ein Schadprogramm installieren möchte, tritt die Benutzerkontensteuerung in Aktion. Der Bildschirm verdunkelt sich, und es erscheint eine Sicherheitsabfrage.

Erst wenn Sie die Frage mit einem Mausklick auf

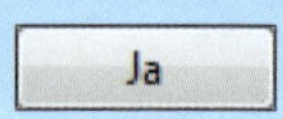

bestätigen, wird die gewünschte Aktion ausgeführt.

Was ist eigentlich …?

Bibliothek

Alle eigenen Dateien speichern Sie bei Windows 7 in Bibliotheken, zum Beispiel Urlaubsfotos oder Textdokumente. Bibliotheken sind spezielle Ordner, in denen Dateien aus unterschiedlichen Ordnern und Laufwerken gesammelt werden. Egal, wo zum Beispiel Musikdateien gespeichert sind, in der Bibliothek

sind sie alle sofort verfügbar. Wichtig: Alle Dateien bleiben weiterhin an ihrem Originalort gespeichert; die Bibliothek ist nur eine neue Sicht, eine zentrale Anlaufstelle für bestimmte Dateien eines Themas. Bei Windows 7 gibt es standardmäßig Bibliotheken für Bilder, Dokumente, Musik und Videos.

Bluetooth

Bluetooth ist eine Funktechnik, mit der zum Beispiel Mobiltelefone und tragbare Rechner Daten austauschen können. Aber auch einige kabellose Tastaturen, Mäuse und Sprechgarnituren funken mit dieser Technik. Die Reichweite beträgt rund zehn Meter.

Was ist eigentlich …?

Browser

Programme, mit denen Sie sich Seiten im → Internet ansehen können, heißen Browser beziehungsweise Internetanzeigeprogramme. Die am weitesten verbreiteten Browser sind der Internet Explorer und Mozilla Firefox. Andere Browser sind zum Beispiel Google Chrome und Opera.

Cache-Speicher

Ein Cache ist ein besonders schneller Zwischenspeicher, der vor allem bei → Festplatten und Prozessoren zum Einsatz kommt. Bei der Festplatte werden die zu speichernden Dateien zuerst im Cache zwischengespeichert, sodass Sie sofort mit dem Computer weiterarbeiten können. Erst wenn die Festplatte nicht mehr so viel zu tun hat, werden die Daten aus dem Zwischenspeicher tatsächlich auf die Festplatte geschrieben.

Cookies

Mit Cookies (übersetzt: Kekse) merken sich Anbieter von Internetseiten, wann Sie eine Seite zuletzt besucht haben. Dazu wird auf Ihrem Rechner ein Cookie (eine kleine Textdatei) abgelegt, in der der letzte Besuch vermerkt wird. Das hat zum Beispiel bei Foren oder sozialen Netzwerken Vorteile. Da der Seitenbetreiber weiß, wann Sie zuletzt da waren, erscheinen auf Wunsch nur die neuen Beiträge, die seit Ihrem letzten Besuch hinzugekommen sind.

Was ist eigentlich ...?

Dateisystem

Auf jedem Laufwerk befindet sich ein sogenanntes Dateisystem. Das Dateisystem bestimmt die Art und Weise, wie Daten auf der → Festplatte gespeichert werden. Darin steht beispielsweise, an welchen Stellen Daten auf dem Laufwerk gespeichert sind. Windows nutzt für Festplatten das moderne NTFS-Dateisystem und zum Beispiel für → USB-Speicherstifte oder externe USB-Festplatten das veraltete Dateisystem FAT32.

Defragmentieren

Beim Defragmentieren wird die → Festplatte aufgeräumt und schneller gemacht. → Fragmentierung.

Dienste

Dienste sind kleine Programme, die verschiedene Systemaufgaben verrichten und unsichtbar im Hintergrund aktiv sind. Jeder Dienst braucht Arbeitsspeicher und CPU-Rechenzeit. Nicht benötigte Dienste sollten Sie daher abschalten. Das spart Speicherplatz und entlastet den Computer von überflüssigen Rechenaufgaben.

Download

Im → Internet können Sie sich Text- oder Bilddateien nicht nur ansehen. Auf Wunsch lassen sich Dateien auch auf dem eigenen Computer speichern. Zu den im Internet verfügbaren Dateien

Was ist eigentlich ...?

gehören Programme, Spiele, Musikstücke, Bilder und Filme. Diese Dateien können Sie mit Ihrem → Browser aus dem Internet auf Ihren Computer „herunterladen“ – in dem Zusammenhang spricht man von „Download“. Teilweise wird dieser Vorgang der Übertragung von Dateien auch als „Überspielen“ bezeichnet. In jedem Fall werden Daten von einem Computer zum anderen übertragen.

DSL

DSL ist ein weit verbreiteter Standard für Internetzugänge und steht für „**D**igital **S**ubscriber **L**ine“ (auf Deutsch: „digitale Teilnehmeranschlussleitung“). DSL 1000 ist bis zu 16-mal und DSL 16000 bis zu 250-mal schneller als herkömmliche Technik per Modem oder ISDN. Die Datenübertragung läuft zwar übers Telefonkabel, aber das Telefon lässt sich parallel nutzen. Den Zugang zum Internet stellt ein DSL-Router (→ Router) zur Verfügung.

Eingabeaufforderung

Die Eingabeaufforderung bietet die Möglichkeit, den PC über Kommandozeilen zu steuern. Während sich in den letzten zwanzig Jahren die Bedienung des Computers mit Maus und Tastatur über die grafische Oberfläche durchgesetzt hat, erfolgte die Steuerung ursprünglich durch Eintippen von Befehlen. Die Zeile, in die diese – oft kryp-

Was ist eigentlich ...?

tischen – Befehle eingetippt wurden, hieß unter anderem Eingabeaufforderung und war gekennzeichnet durch ein blinkendes Rechteck. In Windows bilden das Ausführen-Fenster, in das eine Befehlszeile eingetippt werden kann, und das Command-Fenster, das die alte DOS-Oberfläche simuliert, Relikte der früher üblichen Eingabepraxis durch geschriebene Anweisungen.

Festplatte

Auf der Festplatte (engl. „hard disk") werden die Daten und Programme des Computers gespeichert. Festplatten bestehen aus magnetischen, rotierenden Scheiben, die mit einem sogenannten Lese-/Schreibkopf abgetastet – gelesen – und wieder beschrieben werden.

Firewall

Eine Firewall ist ein Schutzprogramm für den Computer. Die Firewall arbeitet wie ein digitaler Türsteher. Der Wächter passt genau auf, wer ein- und ausgeht, sprich: welche Daten über die Internetleitung wandern. Das Schutzprogramm überprüft jedes Datenpaket und schaut genau nach, ob sich nicht heimlich Schadsoftware in den PC mogeln möchte oder ein direkter Angriff auf den Rechner stattfindet. Die Firewall fahndet nach typischen Mustern eines Angriffs. Kommen der Firewall Datenpakete verdächtig vor, werden sie gar nicht erst reingelassen. Erst wenn die Firewall

Was ist eigentlich ...?

grünes Licht gibt, kommen die Daten durch. Hinter der digitalen Schutzwand sind Programme, persönliche Dateien und das Betriebssystem selbst geschützt.

Flash-Player

Flash ist eine Programmiersprache der Firma Adobe, die auf zahlreichen Internetseiten zum Einsatz kommt. Viele Werbegrafiken oder Internetspiele nutzen Flash, um zum Beispiel bewegte Animationen zu erzeugen. Damit Flash-Animationen abgespielt werden können, benötigen Sie den Flash-Player. Sie erhalten ihn kostenlos von der Internetseite **www.adobe.de**.

Firewire / 1394

Firewire ist ein PC-Anschluss für externe Geräte wie Digitalkameras oder → Festplatten. Da Firewire dem internationalen Standard IEEE 1394 entspricht, wird Firewire oft auch als 1394-Verbindung bezeichnet.

Fragmentierung

Auf jeder → Festplatte tritt nach kurzer Zeit die sogenannte Fragmentierung auf. Dabei werden die Dateien nicht mehr in einem Stück, sondern zerstückelt (fragmentiert) auf der Festplatte gespeichert. Das ist für die Festplatte und die Dateien generell kein Problem. Allerdings kommt es durch die Zerstückelung zu Geschwindigkeitsverlusten,

Was ist eigentlich ...?

da der Schreib-/Lesekopf der Festplatte beim Lesen einer Datei erst mühsam die einzelnen Dateifragmente zusammensuchen muss. Schneller geht es, wenn die Datei in einem Stück gespeichert ist. Das erledigt die sogenannte → Defragmentierung.

Giga-/Mega-/Kilobyte

Die Größe von Computerdateien wird in Byte gemessen. 1 Byte entspricht einem Zeichen in einem Text. 1024 Byte sind ein **K**ilo**b**yte (**KB**). 1024 Kilobyte sind ein **M**ega**b**yte (**MB**). 1024 Megabyte entsprechen 1 **G**iga**b**yte (**GB**) und 1024 Gigabyte sind 1 **T**era**b**yte (**TB**).

Grafikkarte

Die Grafikkarte ist für die Bilddarstellung auf dem Monitor zuständig. Auf der Karte befinden sich der Grafikspeicher und ein Prozessor. Je leistungsfähiger die Grafikkarte ist und je mehr Bildspeicher zur Verfügung steht, desto komplexere Bildsequenzen können ruckelfrei dargestellt werden. Das ist besonders bei grafisch aufwendigen PC-Spielen wichtig. Die beiden wichtigsten Hersteller von Grafikkarten-Prozessoren sind Nvidia und ATI beziehungsweise AMD.

Internet

Das Internet ist die Bezeichnung für die weltweite Vernetzung von Computern via Daten- und Telefonkabeln. Insofern

Was ist eigentlich ...?

stellt es einen Oberbegriff für die verschiedenen Kommunikationsdienste wie E-Mail, Usenet usw. dar. Oft wird die Bezeichnung Internet etwas ungenau nur für das World Wide Web, also die Gesamtheit der Websites, verwendet.

ISO-Datei

ISO ist ein spezielles Format für CDs und DVDs. Komplette CDs und DVDs wie die COMPUTER BILD-Notfall-CD werden im Internet als sogenannte ISO-Dateien zum Herunterladen angeboten. In der ISO-Datei steckt eine Kopie der Original-CD beziehungsweise -DVD in Dateiform. Mit einem Brennprogramm oder der ISO-Brennfunktion von Windows 7 können Sie daraus wieder eine echte CD/DVD machen.

Java

Java ist eine Programmiersprache, die vor allem auf interaktiven Internetseiten, insbesondere bei Internetspielen zum Einsatz kommt.

Kontextmenü

Das Kontextmenü erscheint immer dann, wenn Sie mit der *rechten* Maustaste klicken. Dann klappt ein Menü auf, das nur Befehle enthält, die zum jeweiligen Kontext (zur Situation, zum angeklickten Objekt) passen. Beim Rechtsklick auf eine Datei erscheinen zum Beispiel Befehle zum Kopieren oder Löschen der Datei.

Was ist eigentlich ...?

PDF
Die Abkürzung steht für „**P**ortable **D**ocument **F**ormat". Word-Texte, mit Bildern gestaltete Seiten und Grafiken lassen sich mit Spezialprogrammen im PDF-Format speichern. Der Vorteil des Formats: PDF kann mit dem Programm „Adobe Reader" auf allen Computern geöffnet werden. Auch Mac- und Linux-Computer können PDF-Dateien öffnen. Die Programme, mit denen die Texte oder Grafiken ursprünglich erstellt wurden, müssen nicht installiert sein.

Registrierdatenbank
Windows speichert die meisten Einstellungen in der internen Registrierdatenbank. Dort ist zum Beispiel gespeichert, welches Programm auf welche Daten zugreift oder wie die → Arbeitsoberfläche von Windows aussieht. Achtung: Falsche Einstellungen in der Registrierdatenbank können dazu führen, dass der Computer nicht mehr funktioniert!

Router
Ein Router verbindet mehrere Computer zu einem Netzwerk. Viele Router haben ein → DSL-Modem eingebaut, mit dem sie eine Verbindung zum Internet aufbauen. WLAN-Router verbinden Computer, Drucker und andere → WLAN-fähige Geräte per Funk miteinander und mit dem Internet.

Was ist eigentlich ...?

Soundkarte
Eine Soundkarte ist eine im Rechner eingebaute Steckkarte für die Wiedergabe von Musik oder Mikrofon-Aufnahmen. Jeder Rechner verfügt über eine Soundkarte. Auf der Rückseite lassen sich Lautsprecher und Mikrofone anschließen.

Systemdateien
Systemdateien sind alle Dateien, die das Betriebsprogramm Windows für das reibungslose Funktionieren des Computers benötigt. Sollte eine der Systemdateien versehentlich gelöscht oder beschädigt werden, funktioniert Windows nicht mehr ordnungsgemäß.

Systemsteuerung
Die Systemsteuerung ist die Steuerzentrale von Windows 7. Hier finden Sie eine Gruppe von Programmen, mit denen Sie Einstellungen vornehmen, angeschlossene Geräte kontrollieren und Windows-Bestandteile entfernen oder hinzufügen können. Sie erreichen die Systemsteuerung, indem Sie auf

und auf

klicken.

Was ist eigentlich ...?

Tastenkombination

Die Kombination von Tasten – also das gleichzeitige Drücken von zwei oder mehr Tasten – ermöglicht die rasche Eingabe von Zeichen und Befehlen. Für Tastenkombinationen etablierten sich neben der [⇧] vor allem die [Strg] und die [Alt] sowie – im Fahrwasser des Erfolgs von Windows – auch die spezielle [⊞]. Mithilfe von Tastenkombinationen lassen sich die verschiedensten Funktionen aufrufen, ohne dass Sie zur Maus greifen und sich durch Menüs hangeln müssten. Vor allem ist die Kenntnis von Tastenkombinationen wichtig, wenn es darum geht, sich als sogenannter Power-User (zu Deutsch: Kraft-Anwender) zu profilieren und durch Hintergrundwissen zu glänzen.

Treiber

Geräte, die Sie in Ihren Computer einbauen oder daran anschließen (wie Drucker, Digitalkameras, → Grafikkarten, → Soundkarten usw.), benötigen für ihre Funktionen spezielle Programme (Treiber). Diese Treiber-Software verbindet die Geräte mit dem Betriebssystem. Windows bringt für viele Geräte die entsprechenden Treiberprogramme direkt mit, sodass häufig kein Extratreiber benötigt wird.

Trojaner

Trojaner sind Schadprogramme, die sich als harmlose PC-Programme

Was ist eigentlich ...?

tarnen, im Hintergrund aber Schadprogramme ausführen. Der Trojaner späht zum Beispiel heimlich persönliche Daten wie Kennwörter oder PIN- und TAN-Nummern aus oder zeichnet Tastatureingaben – etwa eingegebene Kennwörter – auf. Die gesammelten Daten schickt der Trojaner dann über das Internet an seine Programmierer. Der Name Trojaner ist angelehnt an die Kriegslist des Trojanischen Pferds aus der griechischen Mythologie. Die Bürger Trojas hielten das Pferd für ein Geschenk und brachten es in ihre Stadt. Im Inneren des vermeintlichen Präsents lauerten jedoch Soldaten, die in der Nacht die Stadt überfielen. Eigentlich ist der Name Trojaner also nicht korrekt. Trojaner bezeichnet ursprünglich die unbescholtenen Bewohner Trojas – und nicht die eigentlichen Angreifer, die sich im Trojanischen Pferd versteckt hielten. Der Name Trojaner hat sich dennoch als Begriff für getarnte Schadprogramme etabliert.

Update

Ein Update ist eine Aktualisierung des Rechners. Sobald Sicherheitslücken entdeckt werden, stellt Microsoft kurze Zeit später ein Aktualisierungsprogramm zur Verfügung, das die Sicherheitslücke wieder schließt. Mitunter fügen die Aktualisierungen auch neue Funktionen ein oder verbessern bestehende Programme.

Was ist eigentlich ...?

USB

USB steht für engl. „**U**niversal **S**erial **B**us" (zu Deutsch: „Universeller Serieller Bus"). USB ist ein Industriestandard, mit dem Geräte (Mäuse, Tastaturen, Drucker usw.) an den Computer angeschlossen werden. Da die Übertragung der Daten mit USB sehr schnell vonstatten geht, können auch → Festplatten und Brenner per USB-Kabel an den Rechner angeschlossen werden.

Verlauf

Der Verlauf ist das Logbuch des Internet Explorers. Hier merkt sich der → Browser, welche Internetseiten in den letzten Stunden, Tagen oder Wochen besucht wurden. Die Übersicht der zuletzt besuchten Seiten blenden Sie mit der → Tastenkombination Strg + H ein und wieder aus.

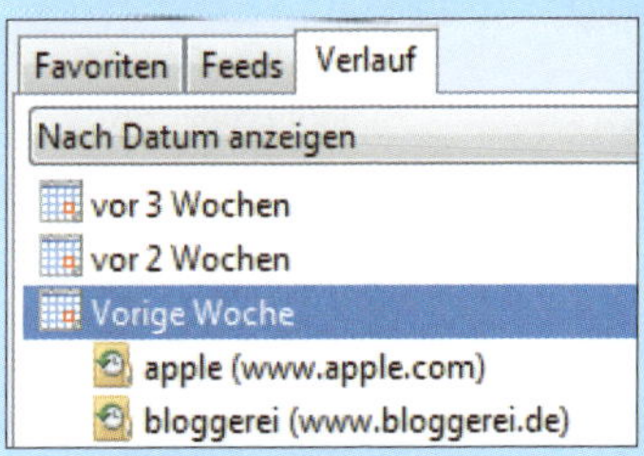

Was ist eigentlich ...?

Viren

Viren sind Schädlingsprogramme, die Ihren Computer in schwerwiegenden Fällen vollkommen außer Gefecht setzen können. Sie sollten daher niemals Dateien von unbekannter Herkunft öffnen, die Ihnen per E-Mail zugesandt werden. Auch beim → Download sollten Sie auf vertrauenswürdige Quellen achten. Darüber hinaus empfiehlt sich die Installation eines Antivirenprogramms.

Virtuell

Als virtuell werden Dinge bezeichnet, die dem Computer vorgegaukelt werden. Das können zum Beispiel virtuelle CD/DVD-Laufwerke, → Arbeitsoberflächen oder virtuelle Computer innerhalb eines realen Computers sein.

WLAN

Die Abkürzung steht für „**W**ireless **L**ocal **A**rea **N**etwork" (zu Deutsch: „kabelloses Funknetzwerk"). Die Netzwerkdaten werden nicht durch ein Netzwerkkabel, sondern mittels Funkwellen durch die Luft übertragen. In der Fachsprache wird das WLAN-Funknetzwerk auch als WiFi-Netzwerk bezeichnet.

Stichwortverzeichnis

Besuchen Sie uns im Internet:
www.ullstein-taschenbuch.de

Originalausgabe im Ullstein Taschenbuch

E-Mail: buecher@computerbild.de
Umschlaggestaltung: HildenDesign, München / Buch und Werbung, Berlin
Titelabbildung: © oneo
Satz und Repro: LVD GmbH, Berlin
Druck und Weiterverarbeitung: CPI - Ebner & Spiegel, Ulm
Printed in Germany
ISBN 978-3-548-41312-9